목
소
리
의
표
　정

목소리의 표정

임려원 지음

크

들어가며

갓 태어난 아이는 말을 하지 못한다. 하지만 시간이 흐르면서 마음 밭에 생각과 감정이라는 작은 뿌리가 자라기 시작한다. 그러다가 마침내 그 뿌리에서 말이라는 새싹이 피어난다. 이 작은 새싹은 인생에 깊은 영향을 미친다. 성공과 행복의 열매를 맺고, 실패와 불행을 낳기도 한다. 말은 내가 살아온 흔적을 고스란히 담아내며 나의 존재를 증명한다. 내가 남긴 말은 남아 내 모습을 대변하고, 세상에 나의 이야기를 전해준다. 말 한마디가 타인의 인생을 바꾸기도 하고, 사람 사이의 관계를 더욱 돈독하게 만들기도 한다. 나 역시 이 책을 쓰기까지 말의 힘을 절실히 느낄 수 있는 수많은 시간을 보냈다.

상담사로서의 경험 덕분에 말의 무게와 그 의미를 깊이 이해하게 되었다. 말은 감정을 전달하는 매개체이자, 생각을 형상화하는 도구다. 우리는 말 속에 마음을 담아 다른 이들에게 진심을 전한다. 현대 사회에서의 말은 그 중요성이 날이 갈수록 커져간다. 하지만 아이러니하게도, 말은 점점 거칠어지고 말로 인한 갈등은 더욱 심화되고 있다. 물론 나 역시 이런 현실에 자유롭지 못하다. 나 자신을 돌아보고, '말하기'에 대해 반성하며 알게 된 사실을 독자들과 나누기 위해 이 책을 쓴다. 우리는 말 없이 살 수 없다. 인격과 인성은 물론이고, 사랑과 행복, 반성과 후회, 성공과 실패 등은 모두 말에 의해 달라질 수 있다.

이 책은 단순히 말하기 기술을 다루기보다는 말과 관련된 심리적인 측면에 집중한다. 진정한 의미의 소통은 마음을 이해하는 것에서 시작되기 때문이다. 나는 이 책을 읽는 독자들에게 '나는 어떻게 말하는가'에 대해 깊이 성찰할 기회를 제공하고 싶다. 만약 이 책이 그러한 성찰을 일으킬 수만 있다면 그 자체로 큰 의미가 있겠다.

우리는 대부분 좋은 평판을 얻고 싶어 하고, 누군가에게 도움이 되는 존재가 되고자 한다. 그러나 타인의 요구에 지나치게 귀를 기울이다 보면 결국 자기 삶조차도 제대로 살지 못하게 된다. 말하고 싶은 것을 억누르고 참는 일이 반복되면 결국 자신감도 잃게 된다. 누구나 말로 상처받고, 말로 관계가 파괴되는 경험을 했을 것이다. 말의 중요성을 배운다는 것은 사람의 마음에 깊숙이 다가가는 끝없는 탐색이다. 때로는 물론 어떤 말을 해야 하는지 혼란스러워할 때도 있다.

말은 관계를 잇는 다리다. 그 다리가 튼튼하게 놓여 있어야 상대와 연결되고 서로의 마음을 이해할 수 있다. 그러나 그 다리가 흔들리거나 잘못 놓이면 쉽게 갈등에 빠지고 관계는 뒤틀린다. 서점에 가면 '말'과 '언어'를 주제로 한 책을 쉽게 찾아볼 수 있지만, 이 책은 조금 더 욕심을 부렸다. 말과 함께 '더 편안한 삶'을 향해 나아갈 길을 제시해 보고 싶다. 여기서 '말'은 단순히 대화뿐만이 아니라 문자나 편지, 몸짓, 신체언어를 포함한, 다양한 전달 방식을 말한다. 그래서 이 책에서는 이러한 표현을 담아내기 위해 '언어'라는 용어를 혼용하여 사용했다.

조금 더 편안하고, 덜 아프고 힘들며, 덜 신경 쓰며 살 수 있게 말한다면 얼마나 좋을까. 대화를 나누다 보면, 상대에 대한 감정이 '참 괜찮은 사람이네', '가까이 하고 싶지 않다' 같이 바뀌기도 한다. 상대를 평가하는 기준도 달라진다. 관계는 혼자만 노력해서는 원만할 수 없다. 좋은 의도라 한들 그 노력이 자기중심적이라면 오히려 관계를 망치기도 한다. 내 마음이 아니라 상대방의 마음에 가닿아야 진정한 배려다. 상대방이 진심으로 배려받고 있다고 느껴야만 진정한 배려다. 말이란 그저 입에서 나오는 소리가 아니다. 말은 생각과 감정을 담고 있으며 삶을 결정짓는 중요한 도구다.

그렇다면, 솔직하게 대하고 말하면 모든 인간관계가 좋아질까? 서로의 마음을 솔직하게 나누는 것은 인간관계에서 매우 중요하지만, 비단 한 사람만 그래서는 어려움이 있다. 또 대화의 방식이 부정적이라면 관계는 더욱 어려워진다. 그러니 상대방의 말이나 행동을 서둘러 판단하기보다는 상대방의 배경을 이해하려는 마음이 필요하다. 상대방의 의도를 서둘러 짐작하고 판단하면 오해를 낳을 수도 있다. 상대방의 진짜 마음을 알기 위해서는 찬찬히 그의 말을 듣고 이해하려는 애씀이 필요하다.

말로서 생각과 감정을 표현하는 것이 얼마나 중요한지 그 무게감을 생각하길 바란다. 말은 우리 내면과 세상을 이어준다. 소중한 사람의 마음을 더 깊이 이해할 수 있기를, 더 온기를 풍기는 관계로 이어가기를, 더 빛나는 관계를 맺길 바라며 이 책을 쓴다.

사람과 사람 사이의 견고하고 아름다운 다리가 되어주길 바라며,

임려원

목차

1장 언어를 바꾸면 사람도 바뀐다

2장 나를 말하다, 나를 알다

3장 마음의 다리, 서로를 잇다

4장 말의 미로, 마음의 열쇠

5장 말은 꽃보다 아름답다

1

언어를

바꾸면

사람도

바뀐다

실패는 목표를
향해 나아가는 여행에서
마주치는 풍경이다

언어 접촉은 관계의 시금석

새해가 되면 사람들은 저마다 목표를 세워 굳은 다짐을 한다. 함께 세운 목표를 이루자며 서로 응원하기도 하고, 지난해 동안 미루었던 계획을 이번만큼은 성취하리라 큰소리치기도 한다. 나도 한해의 포부를 크게 표현하고 싶지만, 웬일인지 입이 떨어지지 않는다. 마음속에 '실속 없이 말로만 떠드는 사람'이 될까 봐 염려하는 마음이 있어서다. 그래서 조용히, 말없이 나만의 소소한 소망을 읊조리는 정도다. 남들처럼 박력 있게 선언하는 것이 부러울 때도 있지만 아쉽게도 내게는 그러한 배짱이 없다. '배짱 없는 나'이지만, 말의 힘에 대해서는 크게 외치고 싶다. "말은 마법과도 같아서 사람을 변화시켜주고, 새로운 세상을 열어줄 수 있는 강력한 도구다."라고 말이다. 물론, 언어에는 한계가 있다. 더 나아가 온라인 세상의 문자들 사이에는 뜻하지 않은 오해가 생기는 일이 빈번하다. 그럼에도 언어는 우리를 연결하는 소중한 다리 역할을 한다.

저명한 상담이론가들은 입을 모아 말한다. 건강한 사람은 자기뿐 아니라 다른 사람의 마음과도 만날 줄 안다고 말이다. 이러한 만남은 '연결'이라고도 하며, '접촉'이라고도 부른다. 언어의 접촉은 인간관계에서 시금석과 같다. '시금석'은 금속의 순도를 판단하기 위해 사용되는 도구로, 과거에 금이나 귀금속을 문질러 그 흔적을 보고 순도를 테스트하던 검은 돌이다. 이 말은 비유적으로, 특정 사물이나 개념이 어떤 기준이나 진위를 판단하는 척도로 사용될 때 두루 쓰인다. 그래서 '언어의 접촉은 관계의 시금석'이라고 하면, 언어의 접촉이 관계의 질을 판단하는 중요한 기준이 된다는 의미다. 소통 방식에 따라 관계의 깊이와 그 질이 결정되는데, 바꾸어 말하면 언어를 통해 서로의 마음과 생각을 정확히 전달하고 이해할 수 있어야 의미 있는 관계로 발전할 수 있다는 말이다. 너무 당연한 말이지만, 이러한 접촉 능력을 튼튼하게 만드는 주요 요소 중 하나가 바로 언어다.

인생 여정에서 변화의 첫걸음은 언어로부터 시작된다. 변화를 향한 열망이 있는 사람들은 자신의 목표를 명확하고 단호한 어조로 말한다. 그들의 언어에는 의지가 뚜렷하게 빛난다. 반대로 변화를 어려워하는 사람들의 언어는 흔히 모호하고 방향을 잃은 것처럼 보인다. 그들은 자신을 숨기기 위해 언어를 사용하기도 한다. '말로는 뭐든 할 수 있다'는 식의 냉소는 진정한 자기 모습을 직면하기 꺼리는 경향에서 발현된다. 자신을 감추었기에 말로써 진실을 가릴 수 있다고도 생각한다. 그렇기에 언어를 어떻게 표현하느냐는 변화의 시작이 된다. 말만큼 사람을 확연하게 변화시키는 도구도 드물다. 긍정적인 말과 격려 한마디로 내 마음가짐과 모습이 변한 적이 있을 것이다. 서로 마음에서 우러나오는 진실한 말을 나누고 이해하려고 노력할 때, 언어는 우리 삶에 아름다운 변화를 불러온다. 의식적으로 말의 힘을 믿고 진심을 담아 소통해 보자.

사용하는 언어를 바꾸면 삶이 변한다. 기운 없이 말을 내뱉던 사람의 목소리에 힘이 생기고, 볼멘소리만 하던 사람이 미래에 대한 희망을 말하기 시작한다고 생각해 보자. 앞으로 그는 삶을 긍정적으로 바라보고, 그 변화를 체감하게 될 것이다. 곧 내가 하는 말의 변화가 삶 속에서 꾸준히 변화를 일궈내는 마중물이 되는 셈이다. 말과 언어는 마음에 선명한 지도를 그리고, 그 지도를 따라 우리 삶은 펼쳐진다. 말하는 대로 이루어지는 아름다운 여정이 된다.

언젠가 자기 계발에 관한 흥미로운 연구 사례를 읽은 적이 있다. 연구에 참여한 사람들이 자신의 성공 가능성에 대해 긍정적으로 답변할수록 실제 성공 확률 역시 높았다고 한다. 반대로 자신의 성공을 의심하거나 부정적으로 바라본 사람들은 원하는 결과를 얻기가 어려웠다. 하지만 너무 야심 찬 계획은 금물이다. 강한 의욕만 앞세우고 실제 행동이 따르지 않는 것 역시 금물이다. 말로는 멋지게 포부를 드러내지만 막상 이루어진 것이 없는 경우도 있다. 이는 대부분 그 목표에 필요한 충분한 대가를 치르지 않았기 때문이다. 시간, 끈기, 노력, 고통 등이 그 대가에 해당한다.

현실은 냉정하다. 용기 내어 결심하는 것도 중요하지만, 원하는 바를 성과로 얻고 싶다면 그만한 노력은 필수다. 하지만 낙담할 필요는 없다. 실효성이 떨어졌던 계획에 대해서는 자책하지 말고 다시 수정해 보도록 하자. 무엇이 목표 달성을 어렵게 했는지 구체적으로 파악하고, 그에 맞춰 계획을 조정하는 것이 좋다. 목표를 좀 더 간단하고 쉽게 이룰 수 있도록 다듬어 보자. 만약 실패로 인해 휴식이 필요하다면 여유를 가지고 충전하는 시간을 보내도 좋다. 여전히 동기 부여가 되어 있다면 더 구체적이고 실효성 있는 목표를 세워 빠르게 재도전하면 그만이다.

때로는 누군가 내 등을 떠밀어 주면 좋겠다는 생각이 들 때도 있다. 생각이 많고 심리적 압박감이 커서 누군가의 승인이 필요한 탓이다. 그럴 때는 주변 사람들에게 등을 떠밀어 달라고 부탁해 보자. 시도해 보라는 신호와 실패해도 괜찮다는 신호를 주는 대화를 하다 보면 안도감을 얻기 때문이다.

> 괜찮아요. 한번 도전해 보세요. 최선을
> 다해보는 거죠. 잘 안 풀리면 잠시 쉬다가
> 다시 준비하고 재도전하면 돼요. 너무
> 걱정하지 마세요.

기억하자. 삶에는 나만의 독특한 이야기가 담겨 있다. '실패'라고 각인된 경험도 있으리라. 하지만 실패라는 말은 어쩌면 불필요할지 모른다. 사실 실패는 목표를 향해 나아가는 여정에서 마주치는 풍경일 뿐이다. 풍경에는 저마다의 이야기가 있다. 실패는 목적지로 가는 길에서 새로운 방향으로 가야 한다는 신호일뿐이다. 실패를 두려워하기보다는 그 안에 숨겨진 기회를 발견해 보자.

도둑맞은
당신의 언어를 찾아라

이상적 자기·현실적 자기

우리에게는 삶을 스스로 선택할 권리가 있다. 하지만 때때로 새로운 시도를 앞두고 내면에서 울리는 목소리가 발목을 잡는다. 서영 씨는 외부와 내부의 목소리에 시달렸다. 항상 남들의 지시에 따라 움직이며, 부모님의 기대에 부응할 때만 인정과 사랑을 받았다. 서영 씨는 타인의 기대와 요구에 기댄 삶을 살았다.

표면적으로는 칭찬처럼 들리지만 사실 정반대다. "넌 참 대단해. 앞으로 더 잘할 거야. 넌 우리의 자랑이야." 부모님이 원하는 대로 행동할 때만 인정을 받았고, 부모님이 세운 목표에 도달했을 때만 사랑받는다고 생각했다. 부모님의 기대 속에서 자란 서영 씨는 성인이 되어 타의적인 삶에서 벗어나고 싶어졌다. 하지만 마음 깊은 곳에서 또 다른 목소리가 속삭인다.

내가 원하는 대로 해도 정말 괜찮을까? 진짜

그렇게 해도 될까?

그렇게 하면 양심이 없는 거야. 너무

이기적이지 않아?

그냥 지금까지 하던 대로 살아.

이제 와서 왜 이래?

타인의 욕구를 채우느라 온 삶을 살아온 서영 씨에게 과연 행복감이 있을까? 물론 서영 씨가 최악의 삶을 산 것은 아니다. 그동안 많은 목표를 이루었고, 남들이 부러워하는 일들도 해냈다. 어찌 보면 꽤 잘 살아온 셈이다. 하지만 그런 사실이 만족감을 주지는 못했다. 오랜 시간 다른 사람의 기대에 부응하는 데만 익숙해졌기 때문이다.

자신의 성취가 모두 부모님이나 주변 인물들 덕분이라 여겨졌다. 자연스럽게 자신의 성공을 남의 공로로 돌리게 되었고, 이미 자기가 진정으로 원하는 게 무엇인지 잊은 상태다. 그러나 잃었던 삶의 주도권은 반드시 되찾아야 한다. 그러기 위해서는 그동안 들어왔던 말을 재해석하고, 스스로 되뇌어온 내적 언어를 바꿔야 한다. 누구나 자기 삶을 주도적으로 바꿀 권리를 갖고 있으며, 그러한 행동을 선택할 수 있다.

물론 맞서야 할 일들이 있다. 부모님의 기대에 더는 맞춰 살지 않겠다고 결심했을 때, 배은망덕하다는 말을 들을 수도 있다. 스스로의 욕구와 꿈을 표현하고자 하면 비난과 화를 부를 수도 있다. 하지만 삶을 주도적으로 선택하는 것은 정당한 권리다.

삶이라는 길을 걸어가기 위해서는 용기가 필요하다. 선택은 오롯이 자기만을 위한 것이어야 하고, 그것이 비난받을 이유는 결코 아니다.

사람들은 종종 부모와 자녀, 연인, 친구 등의 관계와 조건을 앞세워 같은 삶의 방향을 요구한다. 하지만 그 기대는 타인의 삶에 간섭하는 것을 정당화하게 만든다. 중요한 건 본인이 스스로 삶을 계획하고, 실행하고, 그 결과를 책임지는 것이다.

성공했을 때는 기쁨을 누리고, 실패했을 때는 그 경험을 다음 기회로 삼으면 된다. 자기 삶의 수혜자는 결국 자신이다.

하지만 현실은 이상처럼 쉽지 않다. 성장 과정에서 형성된 환경, 무의식에 뿌리내린 죄책감과 수치심, 두려움 등 복잡한 감정이 우리를 흔든다. 우리는 내가 내 삶의 주인임을 진정으로 인정해야 한다.

때로는 부모님의 감정적 보호막을 벗겨내는 아픔도 겪어야 한다. 자기 내면 깊숙이 숨겨진 진실과 마주하는 여정을 멈추지 않아야 한다. 그렇게 하다 보면 언젠가 자신만의 꽃을 피우게 될 것이다.

칼 로저스Carl Rogers는 말했다. "진정으로 느끼는 감정이나 경험이 스스로 지향하는 바와 일치하지 않을 때, 특히 그 차이가 클수록 마음에는 균열이 생긴다." 이러한 균열은 우리를 혼란스럽게 하고 방황하게 만든다. 이상적인 자기와 현실의 경험이 맞지 않을 때 우리는 진짜 삶의 주도권을 되찾기 위해 자기 자신과 솔직한 대화를 해야 한다.

오랜 세월 덧입혀 온 믿음들을 이제는 벗어던질 때다. 자신만의 아름다움을 드러내야 한다. 삶을 지배해 온 주변 사람들의 목소리와는 이별해야 한다. 때로는 스스로 선택하고 행동해야 한다는 것은 두렵다. 그 결과를 온전히 책임져야 하기에 그렇다. 그래서 이런 유혹이 밀려온다. "타협하면 안 될까?". "그들이 만들어 놓은 근사한 탑에 나도 올라타면 안 될까?"

하지만 그런 탑은 결국 내가 만든 것이 아니다. 남이 만든 무대 위에 올라서 내가 해낸 것처럼 어깨에 힘주는 건 진짜 내 삶이 아니다. 그래서 스스로에게 되묻는다.

"이게 정말 날 행복하게 만들까?"

"이 선택에 후회하지 않을 수 있겠어?"

"선택이 옳았다고 자부할 수 있겠어?"

이런 질문을 계속 던지다 보면, 결국 어떤 길로 가야 할지 마음이 알려줄 것이다. 그 과정은 매 순간 반복된다. 우리는 자신의 인생길을 스스로 밝혀나갈 수 있는 존재다. 더는 타인의 기대에 끌려가는 삶이 아니라, 나만의 하루와 한 달, 일 년, 그리고 인생을 주인으로 살아야 한다.

당신이 쉽게
거절하지
못하는 이유

관계욕구

"어른이라면 자기 삶의 주인이 되어야 한다." 누구나 할 수 있는 말이지만, 이를 진지하게 생각하고 실천하는 사람은 드물다. 내가 원하는 것을 알고, 욕구를 마음껏 표현하며, 좋아하는 것을 충분히 누리는 삶을 사는 것. 이것이 바로 온전한 내가 되는 길이다. 자기 삶에 대한 주도권을 가지는 것이 나의 가치를 실현하는 첫걸음이다. 나만의 길을 찾는다는 것은 때로는 타인의 삶과 나를 구분해 내는 일이다.

지금, 타인의 기대나 판단에 휘둘리지 않고 오롯이 자신을 위해 선택하고 있는가? 타인의 삶과 비교하거나, 그들의 성공을 나의 기준으로 삼기보다는 내면의 목소리에 귀 기울여보는 것이 더 중요하다. 물론 타인의 영향에서 벗어나는 것이 쉬운 일은 아니다. 하지만 그 과정이야말로 진정으로 나를 위한 여정의 시작이다.

사회적 기대나 타인의 생각을 내려놓고, 오롯이 나만의 길을 찾아가면 그 길 위에서 진정한 자신의 모습을 알아가게 될 것이다.

다른 사람과 함께 교류하고 싶은 바람, 즉 관계욕구는 꽃이 태양을 바라보고 움직이는 것처럼 자연스러운 일이다. 그러나 관계욕구에 지나치게 얽매이다 보면 의외의 복병을 만나게 되어 있다. 자기의 욕구, 감정, 가치를 무시하면서까지 타인과의 접촉에 집착하게 되는 것이다. 이는 결국 자기를 향한 부정이 될 수밖에 없다.

누군가와의 관계 속에서의 우리는 끝없는 바다를 항해하는 배와 같다. 때로는 잔잔한 물결을 따라 평온하게 나아가지만, 때로는 거친 파도에 맞서야 하는 순간도 찾아온다. 특히 누군가를 간절히 원하게 될 때, 그 관계는 마치 끝이 보이지 않는 바다처럼 우리를 압도하며 두려움에 빠지게 하기도 한다. 하지만 진정한 관계는 두려움 속에서도 서로의 경계를 존중할 때 비로소 시작된다. 다시 말해, 서로의 경계를 인정할 때 시작된다 누구나 종종 다른 사람에게 의존하고, 승인을 구한다. 이는 나의 가치를 타인의 반응에 맡기는 것과 같다. 물론 관계는 나와 타인이 함께 만들고 나아가야 하는 길이다. 다만, 자기만의 속도를 알고, 그걸 놓치지 않고 이어가는 게 중요하다.

타인과의 적절한 경계 유지는 반드시 필요하다. 각자

의 삶을 두고 경계를 구분할 방법에는 무엇이 있을까. 먼저, 내 한계를 꼼꼼히 살펴보는 것이 좋다. 나를 무기력하게 만드는 것, 그리고 존재감을 깎아내리는 것이 무엇인지 파악하자. 그리고 다른 사람의 요구에 대해 내가 할 수 있는 것과 할 수 없는 것을 구분한다. 타인과의 관계에서 내가 허용할 수 있는 한계 수준을 가늠하는 것은 스스로 해야 할 일이다. 다른 사람이 당신 앞에 다가올 때 어느 정도의 거리까지가 괜찮은지, 아무 연락 없이 당신을 만나러 오는 것은 괜찮은지, 한밤중에 급하지 않은 전화를 해도 괜찮은지, 허락 없이 당신의 물건을 빌려 가고 나중에 말하는 것은 괜찮은지, 내가 자리를 비운 사이에 내게 걸려 온 전화를 대신 받아 주는 것은 괜찮은지 등이 이에 포함된다.

군이 이렇게까지 해야 하나? 싶을 수도 있겠다. 하지만 경계선이 허물어진 사이, 다른 이들이 내 영역으로 들어와 주인 행세를 하고 있을지도 모를 노릇이다. "네가 싫다고 말하지 않아서 싫어하는 줄 몰랐어."라며 당당한 태도로 머물 수도 있다. 머무는 공간의 한계선을 명확하게 그어 놓으면 나뿐만 아니라 타인의 안정도 보장할 수 있다. 또한 타인에게 부당한 대우를 받았다면, 이에 상응하는 권리를 주장해도 된다. 예를 들어, 아주 가까운 누군가가 윽박을 지르고, 고함을 치며, 언어폭력을 행사했다고 치자. 이런 상황에서는 더 이상의 부당함을 용납하지 않을 것이며, 그만 멈춰달라고 반드시 요구해야 한다. 이럴 때마저도 감정이 흔들리고 두려움에 움츠러든다면 경계선을 강화하는 연습이 필요하다. 사소한 것일지라도 내가 원하는 바가 무엇인지 명확하게 인식하는 습관을 들여야 한다.

매사에 선을 그어 놓고 구분하라는 의미는 아니다. 누군가 나의 안전을 위협하거나, 불편함을 주거나, 공간을 침범하는 무례를 범할 때 경계가 필요하다. 경계선 설정이 서툴 때는 자신만 아는 경계선을 그어 놓을 때도 있는데 혼자만 지키는 경계선은 효력이 없다. 상대방에게도 내가 원하는 수준의 경계가 무엇인지 안내해야 한다. 상대방도 그 경계선을 존중하고 따를 준비가 되었을 때 비로소 안정감 있는 관계가 유지된다.

나는 당신이 이렇게 해주었으면 좋겠어요.

나는 이제 ~ 하지 않을 거예요.

더 이상 나에게 ~ 하지 마세요.

경계선을 만들 때는 방어적이지 않으면서도 명확한 표현법이 좋다. 지나치게 저자세를 취하거나 매달릴 필요도 없다. 원하는 것과 싫어하는 것을 분명하게 이야기하는 것이 중요하다. 자신의 감정과 필요를 솔직하게 표현해 보자. 어떤 상황이나 행동을 좋아하지 않는다면 그것을 분명하고 단호하게 전달하자. 이렇게 함으로써 타인은 나의 경계를 이해하고 존중하게 될 것이다. 내가 설정한 경계선을 상대방이 받아들이지 않을 경우를 대비해 두자.

예시1

친구 갑자기 왜 이래? 예전엔 잘만
들어주더니?
나 그동안 정말 싫었어. 전에는 싫다고 말할
용기가 없었는데 이제는 안 되겠어.

예시2

친구 무슨 일이 있었길래 이래?
나 오랫동안 생각해 봤는데 더 이상 받아들일
수가 없어서 그래.

대화가 통하지 않을 만큼 상대방이 이 상황을 받아들이지 않는다면, 다음의 장치를 활용해 보자.

장치 1 그 상황에서 벗어난다.
장치 2 상대방에게 가달라고 요청한다.
장치 3 상대방과의 관계를 최소화한다.

경계선을 명확히 하려는 것은 거리를 두고자 함이 아니다. 복수하거나 상처를 주려는 의도도 아니다. 경계 설정의 진정한 목적은 서로의 존재를 인정하고 존중하기 위함이다. 앞으로 어떻게 행동할 것인지를 상대방이 알 수 있도록 알려주는 것이 중요하다. 이후에는 그 경계를 지키기 위해 노력이 필요하다. 감정과 요구를 표현하는 것은 자신을 존중하는 행위다. 자신의 감정과 욕구가 중요하다는 것을 인식하고, 그것을 타인에게도 명확히 전달할 수 있어야 한다. 경계를 설정하는 것은 쉽지 않을 수 있지만 경계가 명확할수록 건강한 관계를 경험할 수 있다.

가짜 리듬에 맞춰
춤을 추다

자아 동질성 & 자아 이질성

상담할 때 자주 등장하는 주제 가운데 하나가 바로 '기대'이다. 기대라는 단어를 단순하게 생각하면 '설렘', '희망', '꿈' 등 듣기 좋은 단어들이 떠오른다. 그런데 가끔 이러한 기대가 발목을 잡기도 한다.

> 기대하지 않았더라면 속상한 일은 줄어들 텐데.
> 기대만 하지 않았어도 상처받는 일이 줄어들 텐데.
> 기대만 하지 않았어도…

왜 기대는 이토록 가슴 깊이 파고드는 걸까? 우리는 종종 상대방을 자신이 상상한 바에 따라 '이런 사람', '저런 사람'으로 분류하고 그 기대에 부응하기 위해 노력하기 시작한다. 좀 더 잘해주려 노력하고, 상대를 기분 좋게 만들려고 시도하며, 손해를 보면서라도 상대를 위해 애쓴다. 처음에는 대가를 바라지 않았더라도 시간이 지남에 따라 점점 스텝이 꼬이기 시작한다.

이건 내가 바라던 바가 아닌데.
이런 대접 받으려고 내가 그토록 애쓴 게 아닌데.

　사람들은 각자 저마다 자연스러운 리듬에 자기만의 춤을 추며 살아간다. 라틴음악, 힙합, 탱고처럼 빠른 리듬이 맞는 사람이 있고, 클래식, 발라드, 재즈처럼 느린 리듬이 맞는 사람이 있다. 서로 다른 리듬이 어우러져 괜찮은 리듬으로 조율되기까지는 시간이 걸린다. 그러니 조급해하지 말고, 자신만의 리듬감을 잃지 않으면서, 상대방의 리듬에 방해되지 않는 선을 감각적으로 찾아내야 한다. 그러한 감각에 민감한 사람이 있고 무딘 사람 역시 있다. 하지만 어느 쪽이든 적절한 경계를 설정하지 않으면 리듬은 꼬이고 음악은 소음이 된다.
　타인 위주의 스텝은 언젠가는 꼬이게 되어 있다. 처음에는 어렴풋이 흉내 낼 수 있고 따라 할 만하겠지만 시간이 흐르다 보면 한계가 온다. 상대방의 리듬보다 내가 너무 앞서가다 보면 관계가 틀어지고 불안정해질 수밖에 없다. 반대로 자기 리듬에 심취해 상대방의 리듬이 어떠한지를 망각하는 것도 바람직하지 않다. 이런 자신을 자각하게 되면 즉시 멈춰야 한다. 추측하지 말고, 상상하지 말고, 그저 상대방에게 묻자. 지금의 리듬이 적절한지, 아니면 조절이 필요한지 알려달라고 청하자.

내가 혹시 당신을 불편하게 만들고 있다면
말해주세요.

자신도 어쩌면 그것이 가짜 리듬이라는 사실을 모를
수 있다. 이러한 리듬감은 어려서부터 익숙하게 만들어
져 왔기 때문에 더욱 그러하다. 자기도 모르게 학습된
것이고, 물려받은 것이고, 너무나도 편안하게 스며든
것이다. 그러나 자신에게 편안하다고 해서 타당한 것은
아니다.

동료(친구)들을 따라잡아야 해요.
지금 이것을 하지 않는다면 뒤처질까 봐 겁나요.
저것을 갖지 못한다면 무시당할 거예요.

주변 경쟁자들을 보면 불안해지기도 한다. 그들을 따
라 하기에는 힘들고, 하지 않으려니 불안한 것이다. 이
러지도 저러지도 못하는 상황은 점점 더 어정쩡해진다.
결국 어떤 리듬을 입혀도 아름답지 않은 상황이 벌어진
다. 계속해서 뭔가를 찾아야 하고, 또 정답을 맞혀야 한
다는 압박감 때문에 아름다운 리듬에 잡음이 생긴다.
다른 사람이 가진 리듬을 빼앗으려 해도 그것 역시 쉽

지 않다. 남의 것을 내 것으로 만들고자 하는 욕구 때문에 압박을 심하게 느끼지만 손에 남는 결과물은 없다. 그러다가 수치심을 느끼게도 되고 스스로 비난하며 가짜 리듬에 맞춰 살게 된다. 자신이나 타인이 누군가의 강요 때문에 그 리듬을 따르려고 노력하고 있지는 않은지 잘 생각해 보아야 한다. 오랫동안 다른 사람의 리듬에 맞추려 노력하다 보면 그것이 내 것인 양 자연스러워질 수 있다. 이럴 때는 진짜 자신만의 리듬을 구분하기 어려울 수 있고, 억지스럽고 불편한 감각조차 익숙한 것으로 착각하게 된다.

임상심리학 용어 중에 '자아 이질적Ego-dystonic'이라는 용어가 있다. 이는 자신의 생각이나 감정, 행동과 욕구 등을 자기 정체성이나 가치와 일치하지 않는 것으로 인식해서 고통을 느끼는 상태를 말한다. 또 다른 표현으로는 '자아 비친화성', '자기 소외' 등 비슷한 용어로 불리기도 한다. 자아 이질적이라는 말은 '나를 고통스럽게 만드는 증상들'로 표현된다.

예를 들어보겠다. 나는 좋아하는 색깔이 빨간색인데 모두가 파란색이 최고라고 한다. 그래서 나도 남들처럼 파란색을 좋아해야 한다고 스스로 설득하고자 하지만 마음 한편에는 계속 빨간색이 더 좋다는 속삭임이 들려오고 있다. 이렇게 자기의 진짜 마음과 다른 행동을 하게 될 때, 마음속에는 막연한 불편함과 내적 갈등이 생긴다. 이게 바로 자아 이질적이다. 자기만의 멜로디가 있음에도 불구하고 주변 요구에 맞춰 다른 이의 노래를 부르는 것이다. 처음에는 어떻게든 따라 부르려 하고 흉내 낼 수도 있겠지만 시간이 지나면, 어느새 자기 노래를 잃어버린 느낌이 들고 마음이 찜찜해진다. 이러한 상황이 지속되면 자신이 누구인지, 무엇을 잘하는 사람인지 혼란스럽게 된다.

반대로, '자아 동질적Ego-syntonic'이라는 용어도 있다. 이는 곧 자신의 생각이나 감정, 행동이 가치관과 정체성에 잘 맞아떨어질 때를 말한다. 이러한 상태에서는 하는 일마다 자연스럽고, 모든 것이 진정한 '나'로부터 나온다고 느껴진다. 자신이 좋아하는 빨간색 옷을 입었을 때처럼, 자기가 좋아하는 일을 하고, 생각하고, 느끼는 그러한 편안함과 자유로움을 느낀다.

미나는 사진 찍는 것을 무척이나 좋아하는 여성이다. 가족들은 똑똑한 딸이 변호사가 되기를 원한다. 미나가 변호사 공부를 할 때 자신이 진정으로 원하는 것과는 다른 길로 가고 있다는 느낌 때문에 힘들었다. 미나가 주변 사람들의 기대를 내려놓고 자신의 소신을 따르게 되기까지는 적지 않은 용기가 필요할 것이다. 또한, 그 용기를 저버린다면 자아 이질적 상태가 지속되기 때문에 고통이 따르게 될 가능성이 높다.

또 한 가지 예로 만약 큰 파티에 초대받았다고 가정

해 보자. 참석자 대부분이 웃거나 떠들며 즐겁게 시간 보내기를 좋아하는 사람들이고, 당신은 조용히 구석에 앉아 있는 것을 더 선호하는 사람이라고 치자. 이러한 상황에서 당신은 스스로 '나는 사회성이 부족해'라고 느낄 수도 있고, '사람들하고 어울리는 건 너무 힘든 일이야'라고 생각할 수 있다. 만약 이러한 당신의 성향을 부정적으로 보고 '사교적인 성격이 되어야 해'라고 압박한다면 이는 자아 이질적 상태가 된다. 당신은 아마 자기 본연의 모습을 거부하고 자신에게 맞지 않는 옷을 억지로 입는 것처럼 부자연스러운 느낌을 받게 될 것이다. 이러한 상태는 심리 내적으로 고통과 혼란스러움을 가져올 수밖에 없다.

그러나 반대로 내성적인 자기 성향을 받아들이고, 오히려 조용한 시간을 즐기며, 질적으로 깊은 대화를 추구한다는 것을 정체성의 한 부분으로 받아들인다면, 이는 자아 동질적인 상태가 된다. 파티에서 잘 어울리지는 못하더라도 이런 상황이 당신이 어떤 사람인지에 대한 자신감까지 흔들지는 못하기 때문이다. 우리는 자신만의 자연스러운 삶의 리듬이 있다. 그것이 빠르든, 느리든, 소리가 크든, 작든 중요하지 않다. 당신에게 맞는 당신만의 리듬이기 때문이다. 다른 사람을 흉내 내려고 빨리 걸을 필요가 없다. 당신의 리듬이 어떠한지 안내해 주어도 좋고 때로는 그저 나답게 걸어도 괜찮다.

유진아, 조금만 더 천천히 가줄래?

가현아, 내가 좀 느리게 걸어도 괜찮을까?

민성아, 이 속도면 괜찮니?

마음 속 비명

자해1

상담실을 찾은 지아가 자해 행위에 대해 처음으로 마음을 열고 털어놓았다. 어린 시절부터 습관적으로 자기 신체에 통증과 상처를 입혔다고 말이다. 불안할 때는 손톱을 물어뜯고, 긴장하면 볼 안쪽을 깨물며, 스트레스가 극에 달하면 허벅지 쪽에 상처를 내기도 했다. 이러한 습관은 시간이 흐르면서 점점 고착화되었고, 어느 순간부터는 통제할 수 없는 충동으로 발전했다. 지아의 행동은 겉으로 쉽게 드러나지 않았다. 상처가 보이지 않는 옷을 신중하게 선택했고, 메이크업으로 자국을 가렸다. 물론 다른 사람들이 이해하지 못할 것이라는 두려움에 그 누구에게도 말하지 않았다. 심지어 남편도 오랫동안 지아가 겪고 있는 내면의 아픔을 감지하지 못했다. 항상 밝고 명랑한 척하면서 실제로는 극심한 정서적 고통과 싸우고 있었다.

　자해는 자기를 신체적으로 상하게 함으로써 내면의 갈등과 고통을 표출하는 행위다. 면도날이나 날카로운 물체를 이용해 피부에 상처를 내거나, 의도적으로 통증을 유발하는 등의 다양한 방법이 포함된다. 머리카락을 뽑는 행위나, 가위로 자신의 피부를 찔러 통증을 느끼게 하는 행동도 자해 행위에 속한다. 이 밖에도 약을 과다 복용해 신체에 해를 입히거나, 물건이나 주먹으로 스스로를 치는 등의 행위로 자신에게 고통을 가하고는 한다.

실제 사례를 보자면, 승아는 오랜 기간 우울감과 싸우면서 자신의 손목에 작은 상처를 내는 것으로 스트레스를 완화하고는 했다. 해리는 심한 불안을 느낄 때마다 머리카락을 한 움큼씩 뽑아내는 행위로 잠시나마 안정을 찾아왔다. 준수는 심각한 자기 혐오감을 느낄 때 허벅지를 주먹으로 강하게 치면서 자신을 벌한다고 고백하기도 했다.

이러한 자해는 단순한 신체적 고통을 넘어서, 심리적 고통을 외부로 표출한다는 복잡한 심리상태로 보인다. 자해하는 개인은 종종 억눌린 감정, 스트레스, 불안, 우울증과 같은 내면의 문제들을 다루지 못하는 상황에서 이를 신체적 고통으로 전환하여 일시적으로나마 정서적 안정을 찾고자 한다. 심리적 갈등이나 트라우마를 신체적 상해로 옮김으로써, 일종의 자기 치유의 과정으로 오해하게 되는 것이다. 그러나 이러한 행위는 문제의 근본적 해결책이 되지 못한다. 오히려 장기적으로는 자책감, 수치심, 사회적 고립감과 같은 부정적인 감정의 팽창으로 이어질 수 있으며 심리적 불균형을 심화시키는 결과를 초래할 수 있다. 자해 행위는 신체적인 상처를 넘어 심리적 상처를 증폭시키므로 치유의 필요성을 더욱 절실하게 만든다. 따라서 자해는 신체적인 문제로 보이지만 근본적으로는 심리적인 접근과 이해가 필요하다.

우리나라에서 청소년 자해 행위는 무시할 수 없는 사회 문제로 부상하고 있다. 최근 조사에 따르면 한국의 청소년 사망 원인 1위는 자살이다. 2023년 통계청 발표에 따르면 우리나라 10대 청소년의 자살률이 1983년 관련 집계를 시작한 이래 가장 높았다고 한다. 특히 SNS를 통해 자살 동반자 모집 글이나 자살 유발 정보가 꾸준히 신고됨에도 확산 속도를 따라잡지 못하고 있는 현실이다. 자살에 대한 심각성도 크지만 자살 이전의 단계에서 자해를 시도할 확률이 높다. 그러니 자살을 선택하기 전 나타나는 징후들을 관심 있게 보아야 한다.

청소년 중 상당수가 다양한 형태의 자해 경험을 보고했다. 특히 소녀들이 소년들보다 자해를 시도할 가능성이 높은 것으로 나타났다. 연구자들은 이러한 현상이 가정 내 문제, 학업 스트레스, 사회적 압박감 등 여러 요인에 기인한다고 분석했다. 특히 과도한 학업 스트레스와 사회적 경쟁에 짓눌려서 벗어나고자 자해 행위를 통해 심리적 안정을 찾는다고 한다. 칼로 자신의 피부를 베는 일상적인 자해 방식 말고도, 약물을 과다 복용하거나 스스로 타박상을 입히는 행위가 자해의 형태로 자주 관찰된다. 이는 우리가 마주한 안타까운 현실이기도 하다. 우리는 청소년들의 깊은 절규에 귀 기울이고, 그들의 침묵 뒤에 숨겨진 외침을 이해할 책임이 있다. 자해 행위를 하는 청소년들은 대체로 이에 대한 적절한 치료나 상담을 받지 못한다고 보고된다. 청소년들은 속마음을 나눌 누군가를 간절히 원하고 있다. 종종 자신의 진심을 가족에게는 표현하는 데 어려움을 겪지만, 그들의 이야기에 귀 기울여주는 사람만 있다면 그것만으로도 큰 위안을 받을 수 있다.

우리는 오히려 보호를 제공해야 하는 가정 안에서 큰 상처를 받기도 한다. 과거에 받은 학대는 그림자처럼 삶을 따라다니며 아픈 기억으로 남는다. 신체적인 상처는 시간이 흐르면서 치유될 수 있지만 정신적인 상처는 보이지 않는 채로 계속 남아 고통이 사그라지지 않는다. 특히 성적 학대의 기억은 마음에서 쉽게 지워지지 않아 자신감과 자존감을 갉아먹는다. 그러한 상처들이 너무 깊으며, 가정에서조차 안전함을 느끼기 힘들다. 그래서 그 고통을 타개하기 위한 수단으로 자해라는 극단적인 선택을 하기도 한다. 가족 간의 갈등, 미래에 대한 불안, 상실의 아픔, 학교나 사회에서의 소외감, 경제적인 압박, 우울함, 그리고 복잡한 인간관계는 감당하기 힘든 짐이 될 수 있다. 이 모든 것이 쌓여 감당할 수 없는 정도로 커졌음에도 마음을 나눌 수 있는 이가 없다는 사실은 영혼을 더욱 저릿하게 한다.

자해는 종종 단지 관심을 끌기 위한 행동이라는 오해를 받는다. 하지만 대부분의 자해 행위는 은밀하게 이루어진다. 자해를 하는 이들은 자신의 고통이 주변의 시선에 드러나기를 원치 않는다. 가족이나 친구들이 알아채지 못하도록 깊이 감추려 애쓴다. 그러니 우리는 이러한 상황을 세심히 살펴야 한다. 자해는 주목받고 싶다는 얕은 생각이 아니라 이해와 돌봄을 향한 간절한 욕구임을 살펴야 한다. 그들의 내면에는 외치고 싶은 말이 있지만, 그것은 피부와 살을 뚫고 나와야만 들리는 목소리다. 우리가 할 수 있는 최선은 그 목소리에 귀를 기울이고, 아픈 그들의 손을 조용히 잡아주는 것이다. 그것이 그들의 치유를 위한 시작이며 서로에 대한 이해를 넓히는 첫걸음이 되는 것이다.

때로는 말로 전할 수 없는 감정이 다른 형태로 나타나기도 한다. 자해는 마음속 깊은 곳에 담긴 이야기를 표현하려는 하나의 방식일 수 있다. 그러하기에 바로 여기에서 언어의 힘이 중요해진다. 감정과 경험을 말로 풀어내는 것은 내면의 혼란을 이해하고, 고통을 나누는 첫걸음이 된다. 말을 통해 우리는 스스로 보듬으며 치유의 길로 한 걸음 더 나아갈 수 있다.

언어는 고통의 감정을 외부로 전달하고 상처받은 내면의 목소리를 세상에 드러낸다. 대화를 통해 자신의 감정을 표현하고 상대가 내 말을 경청한다면, 상대가 내 감정을 이해하고 있다고 느낀다. 누군가가 내게 공감하는 것이다. 그렇게 공감을 받으면, 내가 품고 있던 감정을 조절하고 관리하는 힘이 생긴다. 그러니 감정을 건강하게 표현하는 연습은 반드시 필요하다. 말을 통해 내면의 아픔을 세상에 펼쳐 놓는 것이 자기 치유의 핵심이다. 이것은 단순한 대화 이상이다. 자신을 이해하고 타인과 연결되는 다리이자, 고통을 건강하게 처리하는 방법이다. 대화를 선택함으로써 우리는 자기 삶에 대한 책임감을 가지고 감정을 조절하는 강력한 능력을 개발하자.

소통의 절벽

자해2

감정의 소용돌이가 거세게 몰아치면 우리는 종종 그 폭풍의 중심에서 길을 잃기도 한다. 자해는 마음의 아픔을 신체에 새기는 왜곡된 방식의 자기 표현이다. 보이지 않는 고통을 가시적으로 만드는 현실의 흔적이다. 이러한 자해 행위는 숨겨진 아픔의 조용한 외침일 수 있으며, 스스로 내리는 혹독한 처벌로 작용하기도 한다. 깊은 슬픔 속에서 나오는 조용한 신호이니, 결코 관심을 구하기 위한 수단으로 여겨져서는 안 되겠다.

고통을 표출하는 행위가 자해에 불과하다고 치부해 버리는 것은 고통받는 이의 내적 세계를 간과하는 일이다. 자해를 하는 사람의 자살 위험이 더욱 높다는 무겁고도 애석한 현실을 마주하자. 이들은 종종 느끼는 낮은 자아존중감 때문에, 내면의 깊은 곳에 감춰진 이야기를 밖으로 온전히 전달하기 어렵기도 하다. 이해와 연민의 마음으로 이들의 조용한 외침에 귀 기울여야 할 때다.

자해하는 이들은 거울에 비친 자기 모습조차 못 알아

볼 정도로 마음이 혼란스럽고, 아무도 자기 말에 귀 기울여 주지 않는다고 생각하며 고통스러워한다. 있는 그대로 자신을 받아들이지 못하며 마음 깊은 곳에 숨겨진 두려움에 짓눌린다. 그리고 이내 용기를 상실한다. 이러한 상실이 계속되면 아픔을 타인과 나눌 수 있다는 믿음이 사라진다. 하지만 아니다. 모두의 이야기에는 그 자체로 소중한 가치가 있으며, 그 경험은 이 세상에서 반드시 연주되어야 할 특별한 멜로디다. 고통받는 사람이 곁에 있다면 스스로 바라보는 시선을 조금만 부드럽게 가다듬고 마음을 열어달라며 다가가 보자. 서로의 이야기에 귀를 기울여 위로를 나눌 힘을 찾아내자. 이것이 바로 서로를 향해 나아갈 수 있는 치유의 길이며, 우리가 지닌 내면의 빛을 발견하는 여정이다.

모든 것이 가치가 없고, 무엇을 해도 소용없다고 생각하는 순간을 맞닥뜨릴 때에는 마음 깊은 곳에 자리한 목소리도 들리지 않는다. 사실 내면의 목소리나 타인의 목소리가 고통스러울 때도 있다. 하지만 막상 관심이 주어지지 않을 때에는 상실과 분노를 느낀다. 이것은 우리가 얼마나 깊이 타인의 관심을 원하는지, 세상과의 연결을 갈구하는지 보여주는 반증이다. 모순된 감정의 실체를 인정하자. 우리는 연약하고 불완전한 존재다. 그리고 바로 그 불완전함이 우리를 아름답게 만든다. 우리는 모두 세상에 꼭 필요한 소중한 존재이다.

아이는 세상을 배우고 자라나는 과정에서 부모님의 엄한 태도나 체벌을 경험하기도 한다. 이러한 상황에서 아이는 스스로를 탓하며 작은 가슴에 분노와 자기 비난을 품게 된다. 자기 잘못을 이해하고 받아들이기보다 스스로 상처 입힌다. 아이에게 필요한 건 상처를 통한 자책이 아니라, 자신을 보듬고 위로하는 방법을 가르치는 것이다. 누구나 실수를 할 수 있고, 그 실수로부터 배우며 성장할 수 있다는 것을 알게 해주는 것이 중요하다. 사랑과 지지를 통해 아이가 자신을 긍정적으로 바라볼 수 있게 이끌어보자.

가족과 자녀를 돌보느라 자신을 돌보지 않는 여성은 종종 자신의 깊은 욕구를 저버렸을 가능성이 높다. 오랫동안 가족과 남을 위해 산 세월로 인해 스스로 소외감을 느낄 수도 있다. 내밀한 감정을 표현하는 것에 감정을 억압하는 일이 지속되면, 자기를 해치는 행동으로 이어질 수도 있다.

고통이 기쁨과 섞일 때 우리는 그 경계가 모호해지는 것을 경험한다. 고통과 기쁨이 어느 지점에서 한데 얽혀버린 것처럼 복잡한 심리상태가 된다. 이 복잡한 감정의 매듭을 풀어내는 일은 쉽지 않지만, 자신의 감정을 이해하고 받아들이는 과정에서 조금씩 돌봄의 길을 찾으려고 노력해야 한다. 때로는 살아간다는 것 자체가 너무 아플 때가 있다. 어떤 이들은 그 아픔과 상처에서 벗어나기 위해 스스로 감정의 문을 서서히 닫기도 한다. 이는 마음의 멍에를 조금이나마 덜기 위한 방어기제로, 자해 행위를 포함해 다양한 형태로 나타날 수 있다. 그러한 행위가 고통스러운 순간들을 먼 곳으로 밀어내는 것처럼 느낄 수도 있다.

약물에 몸이 익숙해져서 처음의 치유 효과를 느끼지 못하게 되는 것처럼, 마음도 지속적인 아픔에 익숙해져 무감각해질 수 있다. 이런 무감각함은 단기적으로는 일종의 안식처럼 보일 수 있으나 장기적으로는 진정한 치유와 회복을 찾는 데 방해가 된다. 여기서 기억해야 할 점이 있다. 이런 방어기제는 상처로부터 생존하기 위해 선택한 일시적인 대응이라는 것이다. 감정은 언제나 우리와 함께한다는 것을 인식하고, 감정을 조심스럽게 다루고 이해하려는 노력이 수반해야만 다시금 삶의 따뜻함과 연결될 수 있다는 점을 강조하고 싶다.

때때로 자기 행동과 존재에 관한 죄책감이나 수치심은 깊은 상처로 남기도 한다. 살면서 새롭게 생기는 상처는 가슴속에 이미 자리 잡고 있던 죄책감과 수치심의 무게를 더욱 무겁게 만든다. 그리고 다시금 그 아픈 행위를 반복하고 싶게끔 유혹하기도 한다. 쉽지는 않지만, 이렇게 어려운 감정과 마주하는 순간을 스스로에게 더 큰 이해와 자애로움을 베풀 기회로 여겨보자. 우리가 겪는 이 고통의 순간들을 나에 대한 더 깊은 사랑과 치유를 위한 소중한 발판으로 삼아보는 거다. 그 과정에서 나를 보호하고 가꾸는 법을 배울 수 있다. 그렇게 나를 받아들이고 화해해 보자. 더 건강하고 화목한 삶으로 나 아가는 길목에 들어서자.

상대의 말을
분석하는 것은 상대를
무시하는 행동이다

원초적 전능감

말을 잘한다는 생각을 해본 적이 없고, 목소리에도 자신감이 없었다. 그런데 가끔 전화 목소리를 듣고 "목소리가 참 좋다." 또는 "나이보다 젊게 들리네요."라는 칭찬을 받을 때가 있다. 그런 말을 들으면 순간 기분이 좋아지지만, 그 뒤에는 왠지 모를 찜찜함이 남는다. 왜냐하면 그 목소리는 의도적으로 부드럽게 만든 것이지, 평소의 내 목소리와는 조금 다르기 때문이다. 말투를 부드럽고 따뜻하게 했더니 상대방이 좋아하고 나도 기분이 좋아지는데 왜 일상에서는 그게 쉽지 않은 걸까?

사회적 지위나 외모가 비슷하더라도 그 사람이 사용하는 말투나 목소리 톤에 따라 인생의 격차가 벌어질 때가 있다. '이왕이면 다홍치마'라는 말처럼, 어차피 하는 말이라면 듣기 좋게 하면 좋을 텐데, 말하는 습관을 바꾸는 것은 생각만큼 쉽지 않다. 그럼에도 꾸준히 노력하고 연습해 본다면 분명 긍정적인 변화를 가져올 수 있다. 요즘 들어 나도 말투와 표현 방식에 대한 관심이 여느 때보다 높아져서 매 순간 누군가를 만날 때마다 내 말투에 대해 자각하고 고민하고 있다.

말투는 그 사람의 내면을 드러내는 창과도 같다고 생각한다. 내가 무심코 뱉는 말들이 상대방의 마음에 어떤 파장을 일으키는지 돌아보는 순간이 자주 있다. 한번은 가족과의 대화에서 너무 친한 사이다 보니 말을 가볍게 내뱉은 적이 있다. 그때 딸아이가 "엄마는 왜 그렇게 말을 해?"라고 물었다. 그제야 내가 어떤 말투를 자주 사용했는지, 그 말들이 아이의 마음에 어떻게 다가갔는지 생각해 보게 되었다.

말이란 단순한 의사소통 수단을 넘어서, 관계를 맺고 깊어지게 하는 중요한 다리다. 우리가 사용하는 말투와 표현은 상대방에게 다가가는 온도이며, 서로의 마음을 잇는 따뜻한 손길이어야 한다. 가족에게는 더더욱 그렇다. 가까운 사람일수록, 서로를 배려하고 아껴주는 말투가 필요하다. 그래서 그 후로는 내가 하는 말에 더 신경을 쓰게 되었다. 내 말이 상대방의 마음에 어떤 울림을 주는지, 그 울림이 어떤 영향을 미칠지 되새겨 보게 된다.

말이란 그저 단어의 나열이 아니라, 마음을 전한다. 우리가 어떤 말을 선택하고, 어떤 톤으로 말하느냐에 따라 그 말이 가지는 힘은 크게 달라진다. 그리고 그 힘은 우리 삶과 관계를 더 따뜻하고 부드럽게 만든다. 말을 통해 서로 이해하고 존중하며 마음을 나눌 소중한 기회를 놓치지 않기 위해 매일 조금씩 더 나은 말투와 표현 방식을 찾아가면 좋겠다.

> 그건 아마 이래서 그런 걸 거야.
>
> 네가 몰라서 그러는데 엄마는 이렇게 생각해.
>
> 이 방법이 더 좋은데, 왜 그렇게 안 해?

자신도 모르게 상대방을 바꿔놓고 싶어 하는 목표가 드러난다. 내가 하는 말이 더 좋은 것들이니 무조건 받아들이라는 듯한 말투는 그동안 익숙했던 말이다. 일상생활에서 남을 가르치고 훈계하려는 말투를 사용하기 때문에 다른 사람들과 대화하거나 상담할 때 나도 모르게 습관적으로 내뱉게 된다. 뼈저리게 후회가 되고, 뱉은 말을 주워 담고 싶을수록 '말하기'의 중요성은 커진다. 상담하는 일을 지속하면 할수록 말하기 태도는 내 인생의 중요한 과제로 남았다.

타인에게 다가가다 보면 내 안에 있는 숨겨진 원초적 힘을 발견할 때가 있다. 그것은 내가 누군가 도울 수 있다는 비현실적인 확신에서 비롯된다. 이러한 확신을 통해 마치 내가 누군가에게 바람직한 변화를 가져다줄 수 있는 '구세주'가 된 느낌마저 받는데, 이는 자기 존재를 더 가치 있게 느껴지게 하기도 한다. 또한 상대방의 부정적인 감정을 고스란히 받아들이면서, 상대의 고통을 짊어지려고 할 때가 그렇다. 이러한 행동을 '전적인 헌신'이라고 해석하는데, 상대방을 돕는다는 명목으로 자기를 희생하는 행동까지 포함된다. 하지만 내가 타인에게 제공하려는 도움과 조언은 그에게 필요한 것과는 차이가 날 수 있다. 나의 희생이나 도움이 당사자의 문제를 완전히 해결할 수 없을 때는 내가 할 수 있는 것과 할 수 없는 것의 한계를 기꺼이 인정하는 자세가 필요하다.

요즘은 누군가를 만날 때마다 의식적으로 심호흡한 다음 말한다. 몸에 익히려고 노력하고 있다. 아직 나의 말하기 태도를 바꾸기 위한 과정은 진행형이다. '아, 이번에는 좀 차분하게 잘했네', '아, 이번에는 좀 더 기다렸다가 잘 듣고 말할걸'하며 스스로 점검하는 시간은 흥미롭고 설레는 경험이다.

친한 친구와 긴 시간 통화를 마쳤다. 내게 어떠한 도움을 얻기 위해 연락해 온 친구였다. '뭔가 도움이 되는 말을 해주고 싶은데…'라는 욕구가 생겨났지만 호흡을 가다듬고 나의 말하기 태도에 집중했다. '이렇게 하면 어떨까?', '저렇게 하면 어떨까?'라는 말로 짧게 결론을 내릴 수 있는 고민이었다. 그렇게 쉬운 고민 앞에서 그 친구가 나를 찾은 진짜 이유가 무엇인지 궁금했다. 그 친구도 문제 해결 방법을 모르지 않을 텐데. 군이 내게 전화한 이유가 무엇일까를 생각해 보니 해답이 보이는 듯했다.

보통 누군가가 조언을 구할 때는 '도움이 되고 싶다'라는 생각이 제일 먼저 든다. 하지만 그 순간 잠시 멈춰야 한다. "그래 친구야, 네 문제는 이거 같아. 그래서 이렇게 해결하면 좋겠어."라고 말한다면 상대방을 위한 말이 아닌 내 중심적인 말이 된다. 비록 이 말이 틀린 말은 아니지만, 말이라는 게 맞고 틀리고의 문제가 아니라 '공감하는 태도'가 먼저다.

출근 시간이 임박한 남편이 "이 둘 중에 무슨 옷을 입으면 좋을까?" 물어왔다. 나는 솔직히 그 옷이 그 옷 같아서 "아무거나 대충 입어."라고 얼른 답하고 끝내고 싶었다. 대화가 어설프면 이런 대화만 오가다가 마음이 상할 수 있다. 대화의 핵심은 남편의 고민을 함께하며 마음을 함께하는 것이다. "글쎄, 나도 잘 모르겠네. 뭐가 더 잘 어울리나?", "이 옷이 낫다. 저 옷이 낫다."라고 말해봤자 남편이 흔쾌히 동의하지도 않을뿐더러 결국은 본인이 원하는 대로 입을 게 뻔하다. 그러니 어설픈 조언은 삼가자. 상대방이 하려는 고민을 함께 해주기만 하면 해결은 상대방이 알아서 하게 된다.

가끔 내가 하는 말이 누구에게는 거슬리고, 또 누구에게는 아무렇지 않을 수 있다. 이는 곧 말하기에 신경을 쓴다 해도 결과가 매번 만족스러울 수 없음을 의미한다. 내 말에 대한 호감과 비호감의 분류는 상대방에 의해 결정되기 때문이다. 내가 아무리 호감형으로 말했다 한들 상대방이 비호감으로 받아들일 수도 있다. 내 의도대로 상대방이 반응을 보이지는 않겠지만 내가 하려는 말을 선택할 줄 알면 관계의 질 또한 긍정적으로 연결될 것이다.

똑똑한 사람들은 분석하는 힘이 탁월하다. 그러나 대화할 때는 그러한 능력이 독으로 작용할 수도 있다. 그냥 들어주기만 하면 좋겠는데 자꾸만 상대방이 "그러니까 이렇게 해봐."라고 훈수를 두면 하려던 말을 더 하고 싶은 생각이 사라진다. 분석은 탁월했을지 모르나, 오히려 기분은 언짢아지는 이유가 바로 이 때문이다. 개인적인 대화를 나눌 때는 분석력을 잠시 내려놓을수록 좋다. 분석력을 뽐낼수록 상대방의 기운만 빠지게 만든다. 공감을 바라며 던진 말에 요약, 판단, 분석이 돌아온다면 왠지 무시를 당한 느낌이 들 수도 있다. 비록 나는 상대에게 도움이 되려는 시도라지만 이러한 태도는 윗사람이 아랫사람을 가르칠 때처럼 상하관계일 때 가능할 수 있다.

누군가 당신에게 고민거리를 털어놓거든 끝까지 들어주기 위해 애쓰기를 바란다. 애써야 하는 이유는 '잘 듣기'가 말처럼 쉽지 않기 때문이다. 상대방이 말하고 있을 때 내 의견을 말하고 싶고, 명쾌한 방법을 제시하고 싶은 유혹이 만만치 않다는 거 안다. 그러나 자신의 어려움을 이야기하는 사람 입장에서는 해결 방법을 몰라서 묻는 것이 아닐 수 있다. 겉으로는 몰라서 조언을 구하는 상황일지라도 공감이 먼저다. "아! 많이 힘들었겠다" 같은 짧은 말이 백 가지 해결책보다 더 나을 수 있다. "힘들었겠다."라는 말에 진심을 담기 위한 선행 조건은 '잘 듣기'이다. 일반적으로 '경청'이라고 하는데, '경청'보다는 '잘 듣기'라는 표현이 좀 더 편안한 느낌을 준다. '잘 듣기'를 제대로 실천할 때 진정한 공감이 이루어질 수 있다.

말이야말로
자신을 드러내는
도구다

쾌감중추 활성화

인간이 처음 태어날 때의 언어는 무엇일까? '울음'은 과연 말일까? 소리일까? 그것도 아니라면 어떤 메시지일까? 울음이 의미하는 것이 정확히 무엇인지 따져보는 것도 흥미롭지만 그것보다 더 재미있는 건 '인간은 어떤 식으로든 무언가를 표현하기 원한다'는 점이다. 갓 태어난 아기는 제대로 된 말을 구사하기 전까지 다양한 소리나 표정 등을 통해 자신의 상태를 표현한다. 배고플 때, 불편할 때, 기저귀가 젖었을 때, 아플 때 등 자신의 상태를 나름대로 알린다.

  엄마는 그 소리와 다른 신호를 통해 아기가 무엇을 표현하고 있는가에 신경을 곤두세운다. 어디가 불편하거나 아픈지 등을 알아차리는 본능적인 능력은 매우 놀랍다. 아기가 말을 조금씩 하기 시작하면 더는 아이의 상태를 암호 풀듯이 어렵게 해석하지 않아도 되기 때문에 돌봄이 한결 수월하다. 말하지 못하는 어린 아기를 돌본 경험이 있는 엄마들은 그때의 답답함을 대부분 공감할 것이다.

인간은 말 그 자체가 아니더라도 본능적으로 음의 높낮이, 감탄사 등을 활용해 전달하고 싶은 메시지와 원하는 바를 어떤 식으로든 드러낸다. 그러나 문제는 전달 방법을 상대방이 제대로 알아듣느냐는 것이다. 인간이 제 나라 언어를 만든 이유가 아마 이러한 필요 때문이 아니었을까. 언제부터 우리가 말이라는 것을 하기 시작하고, 언어가 생겨나고, 문자를 쓰고, 그것들을 소통 수단으로 활용했는지는 정확히 알 수는 없다. 우리는 '언어'로 소통하며 서로 교류하고 연결된다.

어린 영·유아는 언어 사용 능력이 부족하고 표현에 제한이 있어 보통 그림책을 많이 읽는다. 언어 사용 능력이 풍성해지고 활발해지면, 책 대부분을 차지하던 그림은 점점 줄고, 청소년이 되고 어른이 되어가는 시간의 흐름에 따라 지면에는 글자가 늘어난다. 어른이 읽는 책은 대부분 그림이 사라지고 글로 채워져 있다. 그러나 글의 양이 많아졌다고 해서 말하는 능력의 완성도가 높아졌다고 단정 지을 수는 없다. 어린아이들은 어눌한 발음과 형식에 맞지 않은 단어를 사용해서 말해도 마냥 귀엽고 기특하지만, 성인이 되고서도 그렇게 한다면 따가운 눈총을 피할 수 없다. 나이가 들어갈수록 말하는 능력도 정비례하면 좋으련만 우리들은 갈수록 "말이 안 통한다.", "말이 안 통해서 못살겠다.", "말이 안 통해서 차라리 말을 안 하는 게 낫겠다." 등의 말을 자주하며 산다.

어른이 되면서 삶은 말과 글로 채워진다. 그러나 그것이 소통 능력 향상과 비례한다고 말하기는 어렵다. 말의 무게를 신경 쓰기엔 너무 바쁘게 살았던 걸까. 이쯤에서 '말'을 할 때 느끼는 쾌감에 대해 생각해 보자. 우리 뇌의 쾌감중추는 자기 이야기를 할 때 말을 계속하고 싶은 충동을 느낀다. 이는 '말'이라는 게 단순한 소통의 도구가 아니라, 우리 자신을 표현하거나 확인하는 과정임을 의미한다. 하지만 자칫 자기도 모르게 대화를 주도하려는 욕구가 강해질 수도 있다. 그럴 때면 상대를 배려하기보다 자기주장만 내세우는 데 집중하게 된다. 대화로 인한 자극이 크다 보니 그 행위를 멈추지 않는 것이다.

경청은 쉽지 않은 일이다. 그러나 고도의 의식적 자각을 통해 경청을 실천하다 보면 진정한 소통을 경험할 기회 역시 찾아오기 마련이다. 대화하는 과정에서 쾌감을 느끼는 건 자연스러운 현상이지만 그로 인해 자기표현의 손해를 감내해야 할 때도 있다는 점을 기억하자.

지구상에는 두 종류의 사람이 있다는 생각을 해본다. 말을 하는 사람과 말할 차례를 기다리는 사람 말이다.

하지만 대부분은 두 가지 사이 애매한 어딘가에 속해 있지 않을까. 소통의 미학은 자신을 드러내려는 마음에서 시작해, 상대방의 이야기에 귀를 기울이려는 시도에서 완성된다. 말이 안 통해서 언성이 높아지고, 다툼이 생기고 관계가 단절되는 일이 빈번하게 나타나는 요즘 '어떻게 하는 게 과연 말을 잘하는 것일까?'에 대해 궁금해하지 않을 수 없다.

과거에 비해 고학력 시대, 고스펙 시대를 맞이하며 사람들의 평균 지식 수준은 높아지고 있다. 그러나 아이러니하게도 대화의 질은 점점 낮아지는 추세다. 사회는 점점 대화를 시도하기 어려워하고 충동적인 행동을 쉽게 생각하는 경향을 띤다. 자신의 인간관계를 되돌아보아도 좋고 사회적 이슈를 살펴보아도 좋다. 불통의 흔적이 개인과 사회를 시도 때도 없이 위협하고 있다는 증거는 얼마든지 널려있다.

요즘에는 궁금한 정보를 알고 싶을 때 언제든지 온라인 검색창이나 AI 검색 기능을 활용하여 쉽게 해결할 수 있다. '말'에 대한 지식을 매체의 도움을 통해 얻는 것이다. 그러나 말을 사용하는 주체는 사람이다. 그러므로 이론적인 '말하기'와 실제 우리가 일상에서 경험하고 체험하는 '말하기' 사이에는 분명한 차이가 있다. 우리는 '말하기'라고 하면 보통 대화, 소통, 스피치, 강연 등을 떠올린다. 그러나 이러한 넓은 의미의 '말하기'

를 살펴보기에 앞서 좀 더 구체적이고 개인적인 차원의 '말하기'를 먼저 살펴볼 필요가 있다.

말하기는 단순한 의사소통을 넘어, 마음속 생각과 감정을 표현하는 중요한 수단이다. 말하기를 통해 우리는 타인과 연결되며, 때로는 상처를 주거나 받기도 하지만, 제대로 말하는 법을 익히면 이런 상황을 줄일 수 있다. 또한, 우리 삶을 더 풍요롭게 만들 수 있다. 말하기는 결국 우리가 더 행복하고 건강한 삶을 살기 위한 필수적인 기술이다.

표준국어대사전에 따르면 '말하기'는 '말하는 사람의 생각과 느낌, 의견 등을 말로 정확하게 표현하는 일'이다. 여기에 더해 '자기의 의사를 상대방이 알아들을 수 있게 말로 표현하는 일'이라는 의미도 내포되어 있다. 공통적으로 '전달'의 능력을 이야기하고 있다. 나는 개인적으로 말하기에 대한 설명에서 '정확하게 표현하는 일'이라는 부분이 마음에 와닿는다. 우리는 날마다 수많은 대화를 나누지만 '정확히 전달하기'와는 거리가 먼 말을 주고받고 있다. 갈등은 거기서부터 시작된다. 그리고 갈등이 시작되고 나면 말하는 쪽이든, 듣는 쪽이든 고통스럽기는 피차일반이다. 이를 바로잡고 교정하는 것이 바람직하건만 어찌 된 일인지 우리는 말을 하지 않거나 큰소리로 상대방을 공격하려는 선택지 사이에서 크게 벗어나지 않는다.

왜 내가 하는 말을 못 알아듣는지?

도대체 뭔 소리를 하는 거야?

　내가 하는 말이 상대방에게 제대로 전달되지 않으면 우리는 보통 상대방을 탓한다. 더구나 잘 통하지 않을 때는 상황을 탓하는 단계로 넘어간다. 소통에 문제가 생기면 일반적으로 '남 탓'을 먼저 하니 말하기의 기능이 좋아질 리 없다. 말하는 이유가 '제대로 된 나를 전달하는 것'이고 '제대로 된 너를 전달받는 것'이라는 점에 동의한다면 지금과는 다른 말하기가 필요하다. "말이 통하지 않는다."라고 말하는 일이 점점 우리 삶에서 사라지기를 바란다.

언어를 바꾸면 삶도 바뀐다

당신이 선택한 말은
당신이 선택한 삶이다

직면, 저항

개인적으로 선택이라는 말을 좋아한다. 선택할 수 있다는 것은 자유가 주어졌다는 의미이며 주도권이 자신에게 있다는 말이다. 선택할 수 없는 삶은 답답하게 느껴진다. 선택하지 않고 억지로 뭔가를 하다 보면 결국 흥미가 떨어지기 마련이다. 그래서 나는 선택이라는 말의 의미를 소중히 다루려 한다. 어떤 이들은 선택에는 책임이 따르기 때문에 차라리 누군가가 선택을 해주는 쪽이 편하다고 느낄지도 모르겠다. 그래야 선택권을 가지고 있는 대상에게 책임을 물을 수 있고 자신은 자유로워지기 때문이다.

　내뱉은 말에 책임을 져야 한다는 건 누구나 아는 사실이다. 그러니 말이라는 건 신중히 사용해야 함이 분명하다. 하지만 자신이 하는 말을 돌보지 않을 때가 많다. 날마다 익숙하게 사용하는 말이 내 뜻대로 되지 않는다니 참으로 아이러니하다. 내가 필요해서 꺼낸 말인데, 정작 내가 원하는 대로 표현되지 않을 때가 많다.

어제는 지인과 한 시간 넘게 통화를 했다. 대화 주제는 '상대방이 누구냐에 따라 말투가 달라진다'였다. 상대방이 나에게 우호적이면 나도 자연스럽게 우호적으로 행동한다. 그런데 어느 때는 상대방과 관계없이 나의 태도가 일관성 없게 표현될 때가 있다. 내 입장에서 태도를 바꾼 것이다. 가장 큰 이유는 상대방이 마음에 들지 않거나 내 기분이 좋지 않았기 때문이다. 내가 스스로 상대방을 향한 언어의 태도를 선택한 거다. 다만 우호적으로 대하느냐, 배타적으로 대하느냐가 관건이다. 언어는 상대방과의 관계를 틀어지게 할 수도 있고 연결되게 할 수도 있다. 스스로 상대방에게 불쾌한 사람이 될지, 기분 좋은 사람이 될지는 결국 내 말에 달려 있다. 관계는 결국 스스로 선택한 말의 결과물이다. 하지만 우리는 매 순간 선택의 권리를 망각한다. 언어는 대부분 무의식적이거나 습관적으로 사용되기 때문이다.

대개는 감정을 표현하는 데 망설일 때가 많다. 이러한 망설임이 생기는 이유를 물어보면 "상대방이 나의 이야기를 잘 들어주지 않을까 봐.", 혹은 "내가 애써 표현한 마음을 상대방이 어떻게 받아들일지 두려워서…"라는 답이 돌아온다. 이러한 두려움은 어린 시절에 경험한 타인의 간섭이나 의심에서 비롯되었을 수 있다. 그러나 사람들은 쉽게 더 단순한 이유를 찾으려 한다.

과거 경험이 지금의 '나'를 어떻게 만들었는지, 또는 그것이 인간관계에 어떠한 영향을 미치는지 제대로 인정하지 못한다.

누군가에게 마음을 열어 보일 때 그것에는 단순한 표현 이상의 의미가 담겨 있다. 마음을 여는 건 자신을 타인에게 드러내는 용기가 필요하기 때문이다. 자기 마음을 표현했을 때 불러올 결과에 대해 지나치게 걱정하기도 한다. 마음을 단단히 먹고 상담실에 방문한 사람조차 그러한 두려움으로 오랜 시간 동안 자신을 숨길 때가 많다. 사실, 성격 형성과 인간관계에는 '과거의 경험'이 지대한 영향을 미친다. 우리가 타인을 의심하거나 다른 사람과의 친밀함을 두려워하는 것도 어쩌면 과거에 겪은 경험이 재현되는 양상일 수 있다.

수현 씨는 평소 자신의 감정을 표현하는 데 매우 조심스러웠다. 어릴 때부터 아버지는 매우 엄격하고 통제적이어서 입는 옷, 만나는 친구들, 공부하는 방식에 이르기까지 모든 것을 규제했다. 아버지는 늘 "네가 잘되기를 바라는 마음에서 이러는 거야."라고 말하며, 자신의 통제가 정당하며, 아버지로서 자녀를 사랑하는 한 형태라고 주장했다. 하지만 이런 간섭은 수현 씨가 자신의 감정과 의견을 자연스럽게 표현하는 일을 망설이게 했다.

성인이 된 이후에도 여전히 자신의 감정 표현에 큰

어려움을 겪고 있었다. 직장에서 동료들과의 의견 충돌이 일어나면 자기 의견을 말하기보다는 침묵을 택했다. 자기 의견을 표현하게 되면 돌아올 비판과 무시가 두려웠다고 한다. 수현 씨의 행동은 자기 마음을 솔직하게 드러내기보다는 타인이 기대하는 대로 애쓰는 방식에 더 가까웠다.

상담실에서도 비슷한 어려움을 겪었다. 자신의 진짜 마음을 드러내는 건 어렵기만 했다. 특히 상담자 앞에서 자신의 감정을 가감 없이 털어놓는 일은 더더욱 용기가 필요한 일이었다. '지금 여기'에서 자신의 마음을 이야기하는 것 자체가 좀 이기적이거나 이상한 일이라고 생각됐다. 학교 교실에서 손을 들어 자신의 의견을 발표할 때처럼 주목을 받는, 그런 부담스러운 상황이었다.

사실 상담자 앞에서 겪는 두려움과 저항은 수현 씨가 아버지와의 관계에서 경험했던 감정들과 아주 비슷해 보인다. 아버지 앞에서 자신을 드러낼 때마다 느꼈던 두려움과 수치심, 그리고 자신의 진짜 모습을 숨겨야 했던 상황들이 이와 같다. 수현 씨에게 있어 자기 감정을 솔직히 드러낸다는 건 상당한 도전이다. 하지만 이와 같은 도전을 통해야만 아버지와의 관계를 넘어서서 다른 사람들은 물론 자기 자신과의 어긋난 관계를 조금씩 맞출 수 있다. 이것이 진정한 자기 목소리를 찾게 되는 과정이다.

마음을 열어 자신을 드러내는 일은 위험해 보일 수 있지만, 동시에 성장하는 기회가 되어줄 것이다. 내 이야기에 귀를 기울여 들어 줄 누군가가 있다는 사실을 알게 되면 더는 과거의 그림자에 묶여 살지 않아도 된다. 두려움 너머에 있는 '다른 사람과의 연결'을 선택한다면 더 풍성한 인간관계를 경험할 수 있다. 자기 이야기를 솔직하게 나누게 될 수 있을 때 비로소 과거의 그림자에서 벗어나게 될 것이다. 이처럼 과감한 선택은 당신의 묶인 마음을 자유롭게 하고, 앞으로의 삶을 의미 있는 것으로 만들어 준다. 말 한마디의 위력은 실로 대단하다. 자기 마음은 물론 다른 사람의 마음까지 풀어주니 말이다. 그러므로 어떤 말을 선택하는가는 그만큼 중요하다. 머뭇거릴 수 있고, 망설일 수도 있다. 잠시 시간을 갖고 고민해야 할 수도 있다. 그러나 그런 것들은 그다지 중요하지 않다. 다만 그 말이 내가 드러내고 싶은 말인지가 중요하다.

만일 어린 시절 경험한 엄격함과 통제 때문에 자기만의 목소리를 잃어버렸다면, 하루빨리 목소리를 되찾아야 한다. 잃어버린 이야기를 다시 써 내려갈 기회가 남아 있으니 놓치지 않기를 바란다. 감정과 생각을 정확히 반영하는 말을 선택하기 시작한다는 건 자기 수용의 첫걸음을 떼는 것이다. 조금씩 연습이 필요할 수도 있다. 이때의 감정과 생각을 일기로 쓰는 것 역시 하나의 연습이 되어줄 것이다. 매일의 느낌, 생각, 겪은 일들을 있는 그대로 기록해 보자. 편안한 친구처럼 친밀한 대상에게 솔직히 자신의 감정을 표현하는 연습을 할 수도 있다. 여기서 중요한 점은 자신의 감정과 생각을 표현함에 있어서 비판과 거부를 두려워하지 않는 용기를 키우는 것이다. 또 다른 방법으로는 창작 활동을 하는 것이다. 그림 그리기, 음악, 춤 등을 통해 감정을 있는 그대로 표현해 보는 것도 좋은 방법이다.

목소리에도
표정이 있다

제2의 관상(명암)

목소리의 사전적 의미는 '목구멍에서 나는 소리, 성대를 막거나 마찰시켜서 내는 소리'다. 그래서인지 목소리라고 하면 입에서 나오는 그저 단순한 소리 정도로 여기는 사람들이 많다. 사람은 누구나 호감이 가는 목소리를 좋아한다. 각자 자기만의 목소리를 가지고 대화하지만 어떤 사람의 목소리는 듣기 편하고, 또 어떤 사람의 목소리는 듣기 거슬리기도 한다. 부정적인 반응을 불러일으키는 목소리 때문에 손해 보거나 억울함을 경험할 때도 많다. 서로 다툴 때조차도 다툼의 본질은 망각하고 "왜 그런 식으로 말해?", "왜 나한테 화내?"라면서 갑자기 말투가 주제가 되어 다툼이 증폭되는 경우도 허다하다. 이는 곧 말하는 사람의 목소리 속성에 따라 듣는 이의 태도가 달라질 수 있음을 의미한다.

목소리의 톤과 음색, 크기, 빠르기 등을 일컬어 '목소리 표정'이라 부른다. 자신감 있고 당당해야 할 때는 목소리 톤을 올리거나 소리를 크게 할 수 있다. 반대로 자신감이 떨어질 때는 목소리 톤이 낮아지고 소리도 작아진다. 의사소통을 할 때는 목소리 표정을 통해 상대방의 반응을 좀 더 바람직하게 유도할 수 있다. 이처럼 목소리 표정이 주는 영향력이 상당히 높음에도 불구하고 보통 사람들은 특별한 관심을 두지 않는 듯 보인다.

부탁하거나 요청해야 하는 상황에서는 겸손하고 나지막한 목소리를 선택한다. 특히 선거에서 이겨야 하는 정치인들은 선거 유세에서 유권자들의 표를 얻기 위해서 목소리 톤에 신경을 쓴다. 그들을 신뢰할 수 있느냐 없느냐의 판가름이 목소리와 태도에서 드러나기 때문이다. 사회심리학자 앨버트 머레이비언Albert Mehrabian 은 '의사전달에 영향을 미치는 중요한 영역'을 연구했는데, 다음과 같은 결과치가 나왔다.

목소리 38%

표정 35%

태도 20%

정보(말의 내용) 7%

목소리는 말의 내용에 비해 다섯 배나 중요하고, 의사소통에서 30퍼센트 이상의 영향력을 지닌다. 하버드대학 실험에서는 관중의 80퍼센트가 강연자의 성격을 알아맞혔다. 이 밖에 좋은 목소리 톤을 가진 사람이 더 많은 연봉을 받거나 목소리 톤에 따라 기억률이 오른다는 재미있는 연구 결과도 있다.

미국 매사추세츠공과대학 연구진의 발표에 따르면 연애 중인 남녀의 대화를 분석해 보았을 때 한 가지 목소리 톤보다 목소리의 높낮이를 다양하게 활용하며 말하는 여성이 남성에게 더 매력적으로 느껴졌다고 한다. 정치인들이 선거 유세를 할 때도 목소리는 중요하다. 선거 후보자들의 목소리가 신뢰감과 호감도에 미치는 영향을 다룬 연구 결과에서도 알 수 있듯이 목소리는 그 사람을 더욱 돋보이게 하는 중요한 요소임이 분명하다. 매력적인 목소리로 가수가 되거나, 배우, 성우, 아나운서로 활발한 활동을 하는 이들도 있다. 면접을 볼 때 역시 음색이나 목소리 높낮이가 합격에 큰 영향을 준다는 조사 결과도 있다. 목소리 톤의 중요성을 알아차리고 선택해 사용한다면 상대방과 효과적인 관계를 유지할 수 있는 무기 하나를 장착하는 셈이다.

목소리는 제2의 관상이며 소리 나는 명함이다. 하지만 대부분 얼굴 관상에 비해 목소리 관상은 신경 쓰지 않는다. 목소리 톤은 상대방에게 영향을 미치는 요인 가운데 하나로 작용하기 때문에 상대방이 잘 이해하고 알아들을 수 있는 편안한 목소리 톤을 유지하는 게 중요하다.

모깃소리처럼 기어들어 가는 목소리, 발음이 부정확해서 잘 들리지 않는 목소리, 끝까지 문장을 완성하지 않은 말투, 너무 톤이 높아서 신경질적으로 들리는 목소리, 쩌렁쩌렁하게 울리는 목소리 등은 집중력을 떨어뜨린다. 너무 낮고 단조로운 목소리는 듣는 이를 산만하게 만들기 쉬우며, 강하고 경쾌한 목소리를 내는 게 이상적이라 평가된다. 또한, 표현하고자 하는 것들에 대해서는 말의 시작과 끝을 명확히 하고, 또박또박 발음을 유지하고, 문장 끝을 되도록 높여서 말해야 듣기 좋다고 한다.

예은 씨는 회사에서 열정적인 팀장으로 일한다. 팀원들 사이에서 업무 능력과 리더십을 인정받고 있다. 하지만 자신도 모르는 사이에 나오는 목소리 표정 때문에 종종 팀원들과의 불필요한 오해를 경험하고 있다. 본래 말할 때 톤이 높고 강조하는 경향이 있었는데, 이것이 때로는 공격적이거나 화가 난 것처럼 잘못 해석되고는 했다. 이런 일도 있었다.

한 프로젝트의 마감일이 다가오면서 팀원들과의 회의에서 프로젝트의 진행 상황을 점검할 때다. 예은 씨는 프로젝트 마감에 긴장감을 느끼고 있었고, 저절로 목소리가 높아지고 급해졌다. 단지 프로젝트의 중요한 부분들에 대해 강조하고 싶었을 뿐이었지만, 예은 씨의 목소리 표정은 팀원들에게는 압박감과 불안함을 주었다. 회의가 끝난 후, 한 팀원이 예은 씨의 말투가 마치 팀원들을 비난하는 것처럼 들렸다고 전했다. 본인은 팀장의 의도를 잘 알고 있으나, 다른 일부 팀원들은 팀장이 비난과 불만을 표출한다고 느꼈다는 것이다.

사실 예은 씨의 목소리는 선천적이다. 하지만 낙담하기에는 이르다. 꾸준히 자신의 목소리에 귀를 기울이고 작은 것부터 노력한다면 좋은 목소리로 바꿀 수 있다. 홈쇼핑 쇼호스트들은 대표적으로 제5(솔)음을 사용하는 사람들이다. 너무 높은 목소리 톤은 들뜬 인상을 주고, 화려하지만 금세 피로감을 준다. 또 가끔은 부담스러울 수 있으니 조심하자. 연습하기 어려운 사람들은 우선은 '상대방이 알아듣게 말하기'를 연습하면 좋겠다. 내가 하려는 말을 상대방이 잘 이해하고 있는지 점검하면서 조금씩 교정해 나가도록 하자.

청각은 시각보다 더 본능적이다. 목소리 톤, 음색을 통해 우리는 언어의 따뜻함과 편안함, 용기와 동기를 얻을 수 있다. 이와 반대로 차가움, 불편함, 의기소침과 사기 저하를 경험할 수 있으므로 목소리 표정은 의사전달에 있어서 중요한 기능을 담당한다.

신체 언어를
알아차리자

자기표현과 신체적 방어기제

몇 년 전, 미희 씨가 상담실을 찾아왔다. 처음부터 무엇인가를 숨기려는 듯한 태도를 보였다. 굳은 표정과 작은 몸짓 하나하나가 불안과 경계를 드러내고 있었다. 특징적으로 가방을 꼭 끌어안고 있었는데, 마치 그것이 자신을 보호해 줄 유일한 방패처럼 보였다. 그 가방을 무릎 위에 올려놓고 단단히 움켜쥔 손에서는 두려움이 그대로 느껴졌다. 처음에는 그저 습관적인 행동이려니 생각했다. 단순히 그 가방이 소중한 물건일 수도 있고, 평소에 그렇게 행동하는 사람일 수 있다고도 여겼다. 그러나 시간이 지나고 상담이 반복될수록 미희 씨의 이 행동이 단순한 습관이 아니라는 걸 깨달았다. 상담실의 편안한 의자 옆에는 충분히 물건을 내려놓을 공간이 있었지만, 매번 그 가방을 자신과 나 사이에 두어 우리 사이의 거리를 유지하려고 애쓰는 듯 보였다. 그 가방은 단순한 물건이 아니라, 내면을 감추는 또 다른 방어벽이었다.

몇 달이 지나도록 미희 씨의 태도는 변하지 않았다. 대화를 하면서도 언제나 조심스러웠고 깊이 있는 이야기를 피하려고만 했다. 나는 그 내담자의 마음이 천천히 열리기를 기다렸다. 변화는 더디게 찾아오지만, 기다리는 것이 상담자의 중요한 역할이다. 그러던 어느 날이었다. 미희 씨가 상담실에 들어오더니 가방을 조심스럽게 의자 옆에 내려놓고 두 손을 풀어 편안한 자세로 앉았다. 얼굴에는 이전과는 다른 차분함과 안정감이 배어 있었다. 나는 그 작은 행동에서 큰 변화를 느꼈다. 더 이상 가방을 방패로 삼지 않았다. 미희 씨는 자신을 지키기 위해 세웠던 벽을 서서히 허물어지고 있었다.

그날 이후 나와 눈을 맞추는 일도 가능해졌다. 목소리에도 자신감을 더해졌다. 하고 싶은 말도 망설임 없이 표현하며 마음속 깊은 이야기를 꺼내기 시작했다. 상담 초기에 미희 씨를 지켜주던 가방은 더는 필요하지 않게 되었다. 시간이 흐름에 따라 자신을 조금씩 더 열어 보이기 시작했고 나와의 관계에서 신뢰를 쌓아가는 모습도 보여줬다.

"이제는 선생님이 두렵지 않아요."라고 말하지 않았다. 그러나 행동의 변화는 말보다 더 큰 메시지를 담고 있었다. 내담자와 상담자 사이에 있던 그 투명한 벽이 허물어지면서 우리 사이에는 새로운 이해와 친밀감이 자리 잡기 시작했다. 바꾸어 말하면 그 가방을 내려놓았다는 건 내게 자신을 조금 더 열어 보이겠다는 신호였던 거다. 이 경험을 통해 다시금 깨닫게 된다. 소통은 단순히 말로 이루어지는 것이 아니라 마음과 마음이 만나는 깊은 과정이다.

우리는 대화를 통해 정보를 전달할 때 언어적 메시지와 비언어적 메시지를 동시에 사용한다. 말과 글을 통해 생각을 전하지만, 표정, 몸짓, 그리고 자세에도 많은 정보가 담겨 있다. 이 비언어적 소통 방법을 '신체언어'라고 부른다. 신체언어는 말로 표현하는 것보다 때로는 훨씬 더 강력한 메시지를 전달할 수 있다.

신체언어는 표정, 눈의 움직임, 시선 처리, 입 모양, 손짓, 자세, 그리고 상대방과의 거리 등 다양한 요소들로 이루어진다. 이러한 신호들은 의도적으로 제어할 수도 있지만 보통은 무의식적으로 드러난다. 예를 들어 긴장된 상황에서 두 손을 꼼지락거리는 것, 불편한 대화를 할 때 팔짱을 끼는 것, 진심으로 기쁜 마음이 들 때 저절로 미소가 번지는 것, 자의식이 강한 사람이 다른 사람들과 함께 있을 때 손을 어디에 두어야 할지 난감해하는 것 등이 모두 신체언어의 일부다.

신체언어는 자신을 표현하는 동시에 자신을 보호하려는 무의식적인 방어기제로 작용할 수 있다. 신체적 방어기제는 불안이나 두려움에 대한 자연스러운 반응인데, 신체를 통해 그 감정을 외부로 숨기거나 스스로 방어하려는 경향을 띤다. 이는 인간의 내면 깊숙이 자리 잡은 본능적인 반응으로 불안정한 상황에서 자신을 지키기 위해 사용된다.

불편한 상황에서 몸을 움츠리거나 팔짱을 끼는 행동은 신체적 방어기제의 일환이다. 이러한 행동은 취약한 내면을 감추고 상대방과의 거리를 유지하려는 무의식적인 노력의 표현이다. 팔짱을 끼는 것은 가슴 앞에 벽을 세우는 것처럼 자신을 방어하는 심리적 태도를 나타내며, 가방을 꼭 끌어안고 있는 모습은 마치 방패를 드는 것과 같다. 이는 물리적인 물건을 통해 심리적 안전망을 만들고 불안을 완화하려는 시도이다. 이러한 행동은 순간의 불안이나 두려움을 반영하고, 위협으로부터 자신을 보호하려는 신체적 반응으로 해석될 수 있다.

한편 심리적 방어기제는 무의식적으로 작동하며 불안이나 두려움을 드러내는 메커니즘이다. 예를 들어, 손톱을 물어뜯는 행동은 긴장이나 불안이 극대화된 상황에서 나타나는 자기방어적 행동으로, 진정과 불안 해소를 위한 무의식적 노력으로 볼 수 있다.

신체적 방어기제는 외부의 위협에 직면했을 때 이를 극복하거나 회피하려는 신체적 표현으로 나타난다. 반면, 심리적 방어기제는 감정이나 생각을 내면에서 처리하려는 방식으로, 말로 표현하지 못하는 내면의 감정을 보여준다. 두 가지 모두 진정한 마음 상태를 드러내는 중요한 단서가 된다.

신체적 방어기제와 심리적 방어기제를 이해하고 인식하면, 자신과 타인의 내면을 더 깊이 이해하고, 더 나은 소통의 출발점을 찾을 수 있다. 신체언어를 통해 드러나는 방어기제를 잘 살펴서 상대의 감정을 더욱 섬세하게 파악해 보자.

신체언어를 더 효과적으로 사용하는 방법은 많다. 예를 들어 단정한 옷차림은 상대방에게 신뢰감을 준다. 또 자연스럽고 호감 가는 표정은 대화를 한층 부드럽게 만든다. 말의 속도와 목소리의 높낮이를 조절하면 메시지의 강약을 조절할 수 있으며, 당당한 걸음걸이는 자신감과 함께 긍정적인 인상을 남길 수 있다. 이 모든 요소가 조화를 이룰 때 전달하고자 하는 메시지는 더욱 강렬하게 전달된다.

신체언어는 때로 말보다 더 솔직하다. 혼란스러운 상황에서는 마음과 행동이 일치하지 않는 경우가 많다. 예컨대 말로는 상대방을 좋아한다고 하면서도 몸이 경직되어 있을 때, 말로는 냉정하게 들리지만 눈빛은 따뜻할 때가 있다. 이럴 때는 상반된 메시지가 전달된다. 이럴 때 상대방은 말보다 몸짓에 더욱 집중하며 그 신체언어에 더욱 신뢰를 둔다. 신뢰가 두터운 사람이라는 건 결국 말과 행동이 일치하는 사람이다. 말과 행동이 일치해야만 상대의 믿음이 더욱 굳건해진다.

신체언어는 소리가 나지 않지만 무언의 목소리로 대화를 이끌어 간다. 시간과 장소, 그리고 상대방에 따라 적절한 신체언어를 사용하면 의사소통의 만족도는 크게 올라간다. 언어적 메시지와 비언어적 메시지가 일치하지 않을 때 사람들은 비언어적 메시지를 더 신뢰한다는 연구 결과도 있다. 그러므로 신체언어를 잘 이해하고 이를 의식적으로 활용해 보자.

흔히들 아랫사람이 윗사람에게 말을 건넬 때는 꼿꼿한 자세로 예의를 표현한다. 윗사람은 몸을 비스듬히 트는 경향이 있다. 이때 아랫사람은 '나는 진심으로 당신에게 집중하고 있습니다'라는 메시지를 드러내는 것이고, 윗사람은 그에 비해 조금 더 자유로운 몸가짐으로 여유를 보여준다. 이 또한 신체언어다. 상대방이 불안해 보일 때 그 불안을 덜어줄 수 있는 위로의 몸짓을 건네거나, 상대방이 기뻐할 때 함께 기뻐하는 따뜻한 미소를 지어보자. 이러한 작은 신체언어의 변화가 상대방에게는 큰 위안과 지지로 다가갈 것이다.

한편 신체언어는 자아 성찰을 위한 신호가 되기도 한다. 중요한 대화를 앞두고 너무 긴장하면 내 몸은 어떻게 반응할까. 손이 떨리고, 심장이 요동치며, 얼굴이 달아오른다. 이런 신체적 반응을 알아차린다는 건 내가 지금 느끼는 감정을 깨닫는 첫걸음이다. 신체언어는 감정이 몸짓으로 드러나는 것이므로 이를 잘 살핀다면 지금 느끼는 감정을 더 깊이 있게 이해할 수 있다.

신체언어는 상황에 따라 달라지기도 한다. 직장, 가정, 친구 등 관계나 상황에 따라 알맞은 신체언어를 사용하는 건 중요한 문제다. 직장에서의 신체언어는 전문성과 신뢰를 나타내야 한다. 단정한 자세와 집중하는 눈빛, 적절한 거리 유지 등이 그러하다. 반면 가정에서는 부드럽고 따뜻한 신체언어가 요구된다. 사랑하는 사람에게 가까이 다가가고, 따뜻한 포옹이나 손길을 주는 것 등이 그렇다. 신체언어를 상황에 맞게 사용하는 것은 상대방에게 적절한 메시지를 전달하는 데 큰 도움이 된다.

신체언어의 또 다른 중요한 측면은 문화적 차이다. 서로 다른 문화권에서는 같은 신체언어라도 다른 의미로 받아들여질 수 있다. 한 가지 예로 서양에서는 눈을 마주치는 것이 존중의 표현으로 여겨지지만 일부 아시아 문화에서는 무례한 행동이다. 르네상스와 바로크 시대에는 상류층 남성들 사이에서 허리에 팔을 올리는 자세가 유행했다. 고위층 인물들의 초상화에서 이 자세를 흔히 볼 수 있다. 반면, 일본에서는 신으로 모시는 천황 앞에서 양손을 허리에 올리는 행동은 용서할 수 없는 무례한 자세였다. 이러한 문화적 차이를 이해하고 존중하는 것은 글로벌 사회에서 중요한 소통 능력이 된다.

신체언어를 의식적으로 사용하는 것은 우리 자신을 더 잘 이해하고, 상대방과의 관계를 더 깊고 진실하게 만드는 데 필수적이다. 말로는 전하기 어려운 감정이나 메시지를 신체언어로 표현할 수 있다는 점을 인식해야 한다. 그래야만 더 풍부한 소통을 경험할 수 있다. 이는 단순히 말과 행동의 일치를 넘어 서로의 마음을 깊이 이해하고 연결하는 중요한 방법이 된다.

눈치는 신체언어와 긴밀히 연결된 감각이다. 타인의 마음을 섬세하게 살펴 비언어적 신호를 포착하고 그에 따라 부드럽게 반응하는 능력이다. 눈치가 빠른 사람은 상대방의 미묘한 표정 변화나 몸짓에 감춰진 감정을 자연스럽게 읽어낼 줄 안다. 그 사람의 마음에 흐르는 미세한 파장을 느낄 줄 안다. 예컨대 상대가 긍정적인 말을 하고 있지만 얼굴에는 그늘이 드리워져 있을 때가 있다. 이때 눈치가 빠른 사람은 그 속에 숨겨진 갈등을 헤아려 조심스레 손을 내밀고 무게를 덜어주려 한다. 눈치는 단순히 상대방의 신체언어를 읽는 데 그치지 않는다. 상대의 마음을 이해하고, 그에 맞춰 자신의 몸짓과 태도를 조정하는 섬세한 배려다. 만약 상대가 불편해하는 것을 눈치챘다면 몸을 약간 뒤로 기대거나, 목소리를 조금 낮추어 말의 속도를 조절함으로써 대화의 긴장을 풀어주자.

신체언어는 소리 없는 목소리이자 말보다 더 분명한

메시지를 전달하기도 한다. 이와 같은 신체언어의 중요성을 인식하고 잘 활용할 수 있다면 더 나은 소통자, 더 좋은 관계의 형성자가 될 수 있을 것이다. 상대방의 마음을 더 잘 이해하고 진심을 더 잘 전달할 수 있도록 신체언어의 힘을 잊지 말자. 살아가는 데 있어 더 풍부하고 의미 있는 관계를 만들어가는 중요한 열쇠가 될 것이다.

2

나를
말하다,
나를
알다

솔직함일까? 무례함일까?

공격성 방어기제

많은 사람이 솔직함과 무례함 사이에서 경계를 찾기 어려워한다. 직설적으로 말했고 생각했는데, '무례한 사람'으로 오해받는 순간들도 있다. 이 두 단어에는 공통적으로 '내 욕구를 표현하고, 다른 사람에게 받아들여지길 원하는 마음'이 담겨 있다. 이 때문에 솔직함과 무례함에 대한 생각이 섞이기 쉽다.

민준 씨는 직장 동료들과 SNS 채팅으로 다가오는 프로젝트 미팅에 대해 논의하고 있었다. 동료들 사이에서 의견이 다양하게 오가는 가운데, 한 시간이 지나도록 결론을 내리지 못했다. 결국, 참다못한 민준 씨가 불편감을 드러냈다.

이렇게 오래 토론만 하고 있을 시간이 어디
있어요? 우리 모두의 소중한 시간을 이렇게
낭비하다니 말이 돼요?

그는 회의에 지각하는 동료를 만날 때마다 누구에게 든 서슴없이 말하고는 했다.

시간 약속은 기본적인 예의죠. 시간도 지키지
못하는 사람이 어떻게 회사 일을 제대로 할
수 있는 건지…. 지각 좀 하지 맙시다.

한번은 민준 씨를 걱정한 친구가 조심스레 조언했다. "이제 나이도 있고 좋은 사람 만나서 연애할 생각은 없어? 혼자 살면 외롭지 않아?"

민준 씨는 피식 웃으며 대꾸했다. "혼자 사는 자유로움을 네가 알면 좋겠어. 이렇게 마음 편한데 굳이 왜 연애를 해야 하지?"

솔직하고 직설적인 말투는 그 사람의 성격을 '직선적'이라고 묘사하는 데 사용된다. 하지만 이것은 단순한 성격 표현을 넘어서 심리학적인 정신역동적 관점에서 볼 때 훨씬 더 깊은 의미를 지닌다. 바로 방어기제이다. 방어기제는 타인과의 관계에서 감정을 표현하고 자신을 보호하는 방식이다.

민준 씨의 경우 감정이나 욕구 표현이 타인의 감정을 고려하지 않는 공격성과 합리화로 드러나고 있다. 공격성 방어기제는 심리적 스트레스나 불편감의 원인을 외부로 돌려 자기를 보호하려는 방식이다. 앞서 말한 동료들과의 논의 상황에서 "이렇게 오래 토론만 하고 있을 시간이 어디 있어요?"라고 말하는 것은 자기 시간이 낭비되고 있다는 분노와 불만을 직접적으로 다른 사람에게 표현하는 예시이다. 이는 타인을 공격하는 형태로 나타날 수도 있다.

당신을 알고 싶지 않아요

어떤 이들은 자신의 감정과 생각을 표현하는 방식이 매우 솔직하고 노골적이다. 그러나 이러한 행동은 상대방의 감정을 고려하지 않는 태도로 드러나기도 한다. '당신을 알고 싶지도, 이해하고 싶지도 않다'는 메시지와 같다. 이는 개인이 독립성을 표현하고자 할 때 나타날 수 있는 일종의 방어적 태도라고 할 수 있겠다.

성장 과정에서 충분한 지지와 이해를 경험하지 못한 사람들은 자기 감정을 표현하는 데 있어 남을 배려하기 어려울 수 있다. 지지를 받은 경험이 없으니 자기 감정과 경험에 대해 많은 심리적 에너지를 소비하게 되고, 그 결과 다른 사람을 이해하고 지지하기 위한 여유가 부족해지는 것이다. 솔직하고 직설적인 태도가 타인에 대한 배려를 소홀하게 만들 때 관계에서의 충돌이나 오해를 불러일으킬 수 있다.

나에게 관심 좀 가져주세요

사람은 누구나 다른 이의 관심과 애정을 필요로 한다. '어둡고 차가운 나에게 빛과 따스함이 되어주길' 바라기도 한다. 또 자신의 흠을 이해하고 받아 주는 사람이 존재하기를 희망하며, 그 안에서 위로와 힘을 얻고 싶어 한다.

사랑과 인정을 받은 경험이 충분하지 못하면 타인에게 인정받기 위한 노력을 계속할 수밖에 없다. 솔직히 자신을 표현하는 것은 남에게 잘 보이려는 게 아니라, '저는 완벽하지 않아요. 제가 좀 허점이 있을 수도 있어요. 그런 제 모습도 이해해 주실 수 있나요? 이런 제 마음을 알아주는 사람을 찾고 싶어요'라는 의미가 있다.

너무 억울해, 그러니 당신이 누구든지 공격할 거야

부모에게 충분한 인정을 받지 못한 아이의 마음은 슬픔과 억울함으로 가득 차 있다. 마음 깊은 곳에 분노가 쌓여 있으나, 부모를 사랑하는 본능 때문에 슬픔과 억울한 감정을 참게 된다. 이렇게 눌린 감정은 쉽게 사라지지 않기 때문에 성인이 되어서도 해소할 방법을 찾으려고 방황하게 된다. 결국, 마음속에 쌓인 감정들이 터져 나올 길을 찾아 끊임없이 헤매게 되는 것이다.

말은 알면 알수록 그 깊이가 더 복잡하게 느껴진다. 사람의 말이란 마음을 비추는 거울이라서 내면의 심리적 상태를 고스란히 보여준다. 말은 우리가 스스로 인지하지 못한 감정과 생각을 표현하기도 한다. 자신의 마음을 완전히 드러내는 것은 어렵지만 내밀한 감정을 억누르고 살아갈 수는 없다. 솔직하게 자신을 표현하는 것과 동시에 다른 사람의 감정도 생각하는 균형이 중요하다. 이렇게 하면 무례하다는 인상을 주지 않으면서도 자신의 진실한 욕구와 감정을 표현할 수 있다.

때로는 솔직함이 무례함으로 보일 수도 있으나 이는 타협과 이해를 통해 조정될 수 있다. 솔직함이 너무 직설적으로 변할 때 그 말은 가시에 마음이 찔린 듯 아프다. 솔직함을 가장한 직설적인 말을 들은 사람들은 마음이 불편할 수밖에 없다. 직설적인 태도 뒤에는 강렬한 공격성이 숨어 있다. 마음속에 오래도록 쌓인 작은 불만과 상처들이 말이나 행동을 통해 타인에게 상처를 주는 가시가 될 수 있다는 점을 기억하자.

마음이 성숙한 사람은 심리적 경계를 명확하게 설정한다. 솔직하게 자신을 표현하지만 다른 사람을 공격하지는 않는다. 자신의 말이 상대방에게 불편함을 주었다면 이를 수용하는 데도 거리낌이 없다. 다른 사람의 감정을 배려하는 여유가 있어서 인간관계도 무난하다. 이들의 솔직함에는 편안함이 묻어있다. 직설적으로 말하고 원칙을 중시하는 사람의 경우 처음에는 많은 사람에게 매력적으로 보인다. 그들은 다른 사람들이 망설이는 것을 단번에 해결해 내는 것처럼 보이기 때문이다. 하지만 이러한 호감은 오래가지 못한다. 이런 사람들이 조금만 더 다른 사람의 감정을 생각하며 부드럽고 친근하게 말한다면 더 좋은 관계를 맺을 수 있다.

스텝 1
서두르지 말고 천천히 말하기

스텝 2
내가 한 말을 들은 다른 사람이 어떤
기분일지 생각해 보기

스텝 3
다른 사람의 좋은 점을 찾아 칭찬하기

직설적으로 말한다면 마음의 여유를 가져보자. 급하게 문제를 해결하려는 생각, 지금 당장 행동하지 않으면 안 된다는 생각은 사실과 멀 수 있다. '지금은 조금 불편하지만 견뎌볼까?', '이 상황이 어떻게 흘러갈지 지켜볼까?', '만약 누군가가 나에게 이렇게 말한다면 내 기분은 어떨까?' 이런 생각으로 상황을 바라보는 연습이 필요하다.

과거에 부정적인 감정이 오래된 습관으로 남아 있다

면, 타인의 장점을 발견하고 그것에 대해 이야기해 보
면 도움이 된다. 부정적인 감정에서 벗어나게 된다.

우와! 이런 걸 잘하다니 정말 대단해요!

이런 세심함을 가지고 계셨군요. 전에는

몰랐어요.

　솔직한 사람들은 자신의 감정과 생각을 표현하는 동
시에 다른 사람의 감정과 욕구도 존중할 줄 안다. 모두
가 자신의 마음을 솔직하게 나누고 싶어 하듯이 상대방
도 그렇다는 걸 알고 있기 때문이다. 솔직한 사람들과
는 마음을 연 채 이야기를 나누게 된다. 비록 상황이 어
렵더라도 그들의 말을 들어보고 싶어진다. 그들은 듣는
사람의 마음과 상황을 배려하며 말하기 때문이다. 자신
의 욕구만 중요하다고 생각하며 남을 배려하지 않는 태
도는 미숙한 행동이다. 무례한 말은 '나'만을 생각하고,
자신의 감정과 주장을 일방적으로 강요하는 태도다. 이
런 사람과 친구가 되고 싶은 사람은 많지 않을 것이다.
솔직하면서도 다른 사람의 마음을 배려하자. 서로를 존
중하고 이해하는 것이 진정한 솔직함이다.

지금 당장
할 수 있는 것을 하라

WDEP

현대 사회는 문제가 물결처럼 이어진다. 한 문제를 넘기기도 전에 다른 문제가 밀려온다. 이처럼 끊임없는 도전의 소용돌이 안에 있으면 '말'의 역할은 더 중요해진다. 복잡한 현실 속에서 해결의 길을 찾게 하고, 신속하고 효율적인 대안을 모색하는 데 필수적인 역할을 하기 때문이다. 말은 이렇게 문제 해결 과정의 중심에 있다. 시간과 자원이 부족한 상황에서 복잡한 문제에 직면하게 될 때는 빠르고 간결한 해결책을 찾는 것이 중요하다. 문제의 원인을 깊이 있게 탐구하고 공감하는 것도 필요하지만 긴급한 상황에서는 해결 위주의 접근이 효과적이다. 응급 처치처럼 빠른 판단과 효율적인 조치로 환자가 즉각적인 안정을 찾아야 하는 것과 유사하다.

　문제에 직면하면 '어떻게 이 지경에 이르렀나?', '이 모든 상황의 책임은 누구에게 있나?'라는 질문이 마음

속에서 일어난다. 그러곤 슬픔, 분노, 그리고 원망 같은 부정적인 감정들이 생기기 시작하는데, 문제의 근원을 파헤치려고 할수록 오랫동안 숨겨왔던 불만과 상처가 드러난다. 종종 주변 사람들, 상황, 심지어 자신에 대한 비판으로까지 발전하게 된다.

원인을 파악하는 과정은 과거로의 여행을 의미한다. 하지만 이미 지나간 일을 바꾸는 것은 불가능하다. 원인을 이해하게 된다는 점에서 긍정적인 면이 있기는 하나 '이제 와서 무엇을 할 수 있을까?'라는 생각에 휩싸여 무력감과 공허함을 느끼기 십상이다. 원인을 찾아내는 일은 그 노력에 비해 성과가 미흡하다. 문제 해결을 위해 나설 때 사람들은 의욕으로 가득 차 있다. 해결책이 당장 눈앞에 보이지 않더라도, 결론을 도출하려는 의지가 변화를 만든다. 미래로 나아가는 과정이다.

미래는 우리 손으로 형성할 수 있는 영역이다. 과거에 대한 후회나 원인 분석보다는 해결을 향한 긍정적인 행동이 미래에 성과를 가져올 수 있다. 해결 중심의 접근은 바로 이러한 사고방식을 활용해 시선을 과거가 아닌 미래로 향하게 만든다. 사람들이 길을 잃는 것은 길을 몰라서가 아니라, 종착지가 뚜렷하지 않기 때문이다. 명확한 목적지 없이는 방향도 없다. 목적지를 알더라도 길을 헤맬 수 있다. 너무 멀고 힘든 목적지를 선택할 수도 있다. 그것이 인생 여정이다.

문제를 해결하기 위해서는 질문부터 달라져야 한다. 상대방이 진정으로 원하는 것, 이루고 싶은 꿈, 그리고 현재 가능한 선택지들에 대해 따뜻하게 물어보면 좋다. 대다수는 자신이 진짜 원하는 것을 모른 채, 현실의 불안을 없애는 데 급급하다. 문제가 생기면 하루빨리 이 상황에서 벗어나야 한다고 믿는다. 주변을 원인에 두고 이를 타파하고자 한다. 하지만 다른 사람, 주변 환경을 바꾸기란 그리 만만한 일이 아니다. 바꾸려 하거나 없애려 하면 할수록 더 깊은 낙담과 좌절이 기다리고 있을 뿐이다.

생각을 바꿔보자. 내가 어떻게 변해야 하는지로 초점을 맞추게 되면 상황은 역전된다. 내가 할 수 있는 일을 찾고, 내가 변해야 주변 환경이 변할 수 있음을 자각하자. 변화에 대해 구체적으로 상상할수록 실천 가능한 목표에 다가가게 된다.

당신이 가장 바라는 것은 무엇인가요?
그것을 위해 당신이 지금 할 수 있는 일은
무엇인가요?

언제나 우리 삶은 예상치 못한 문제들로 가득 차 있다. 그럼에도 불구하고 우리 안에는 이 문제의 파도를 넘어서는 힘이 있다. 해결을 위한 힘을 얻기 위해 스스로에게 유용한 질문을 해보자.

상담이론 중에 해결 중심 단기치료Solution-Focused Brief Therapy가 있다. 이는 문제가 아닌 해결에 초점을 맞춘다. 해결 중심 단기치료는 바로 이러한 힘을 끌어내는 데 도움을 주는 유용한 치료 접근법이다. 해결 중심 접근에서 중요한 것은 문제 해결에 도움이 되는 방법에 집중하고, 그렇지 않은 방법은 과감히 포기하는 것이다. 해결 과정이 느리거나 실패한 경우에도 원인 분석에 너무 매달리지 않는 것이 중요하다. 대신 효과적인 방법을 찾아 그에 집중하는 데 모든 에너지를 쏟아야 한다. 문제가 계속되더라도 그 문제가 완화되는 순간이나 예외적인 상황에 주목하면서, 그곳에서 해답을 찾으려고 시도하는 것이다.

과거의 성공 경험은 현재의 문제 해결 단서를 제공한다. 말하자면 이 접근법은 자신의 목표를 달성하기 위해 이미 가지고 있는 자원과 능력을 활용하도록 돕는 방식이다. 'WDEP 시스템'은 이러한 접근의 하나로, '원하는 것Wants', '하고 있는 것Doing', '평가Evaluating', '계획Planning'의 네 가지 주요 요소로 구성된다. 문제를 극복하고 목표를 달성하기 위해서는 자신에게 필요한 변화를 이해하고 실행할 수 있어야 하는데, 앞서 말한 시스템은 이를 설계하기 위한 구조가 되어준다.

당신이 진정으로 원하는 것은 무엇입니까?

당신의 삶에서 무엇을 추구하고 싶으신가요?

이 질문은 '원하는 것' 단계에서 시작한다. 원하는 것을 명확히 함으로써 당신이 이루고자 하는 바를 이해할 수 있다. 예를 들어, 진아는 직장에서의 스트레스로 인해 우울감을 느끼고 있다. 더 행복하고 만족스러운 삶을 원한다고 말한다.

당신은 현재 어떤 행동을 하고 있습니까?

당신의 행동이 당신의 원하는 바와 얼마나

일치합니까?

이 질문은 '하고 있는 것' 단계로 넘어가 현재 진행 중인 행동과 그 행동이 당신의 목표와 얼마나 잘 맞는지를 평가한다. 진아는 스트레스를 받을 때 주로 집에서 시간을 보내며 TV를 시청한다고 답했다. 이런 행동이 자신을 더 행복하게 만들지 않음을 인지하고 있다.

당신은 현재 자신의 행동을 어떻게

평가합니까? 당신의 행동이 당신의 목표

달성에 어떤 영향을 미치고 있습니까?

'평가' 단계에서는 현재의 행동이 당신의 목표 달성에 얼마나 기여하고 있는지를 평가한다. 진아는 자신이 하는 행동이 행복을 추구하는 데 별로 도움이 되지 않는다고 평가한다.

앞으로 어떤 계획을 세워야 할까요? 당신이
원하는 변화를 이루기 위해 무엇을 할 수
있을까요?

마지막으로, '계획' 단계에서는 목표를 달성하기 위한 구체적인 계획을 세운다. 진아는 스트레스를 관리하기 위해 요가 수업에 등록하고, 주말마다 친구들과 시간을 보내기로 결정했다. 이러한 새로운 활동들은 진아가 더 행복하고 만족스러운 삶을 향해 나아가는 데 도움이 될 것이다.

인생이라는 책에는 페이지마다 자기만의 이야기가 새겨져 있다. 때로는 그 페이지 안에서 길을 잃을 수도 있다. 하지만 잊지 말자. 길을 찾는 것은 바로 당신의 발걸음에 달려 있으니까. 해결 중심 접근이란, 바로 이 길을 찾아가는 나침반에 비유할 수 있다. 지금 여기, 이 순간 당신이 서 있는 곳을 둘러보도록 하자. 그리고 당신이 도착하고 싶은 곳을 마음속에 생생히 그려보자. 그 곳까지 연결되는 길은 어떤 모습인가? 그 길에는 어떤 발걸음이 필요한가? 이 과정을 통해 자기만의 지도를 그려나갈 수 있다. 그 지도 위에서 당신의 문제들은 더 이상 당신의 앞날을 가로막는 장벽이 될 수 없다. 오히려 가뿐하게 넘어설 수 있는 작은 언덕들이 될 것이다. 원하는 것을 얻어내기 위해서는 먼저 스스로 한 걸음을 내디뎌야 한다. 그렇다면 지금 당신은 어떤 발걸음을 내딛을 것인가? 그 발걸음을 내딛기 위해 어떤 질문을 할 것인가?

해결 중심 접근법은 이처럼 '내가 현재 어디에 있는지, 어디로 가고 싶은지, 그리고 그곳에 도달하기 위해 무엇을 할 수 있는지'를 명확히 한다. 이 과정을 통해 자신의 문제를 넘어서 원하는 변화를 만들어 낼 수 있다. 여기서 마지막으로 하나의 중요한 질문에 다다른다. 바로 스스로 하는 질문이다.

내가 진정으로 원하는 것은 무엇인가?

이 질문을 통해 내면의 목소리와 깊이 연결될 수 있을 것이다. 내 인생의 다음 페이지에는 어떤 이야기가 새겨질까? 그리고 그 이야기를 써 내려갈 준비가 되어 있다면 질문부터 시작해 보자. 내가 진짜 원하는 것에 대해서 말이다.

공감은 마음에
쉼을 준다

감정의 공명

사람을 변화시키는 데는 여러 방법이 있는데, 그중 상
대방의 주체성을 존중하는 대화가 매우 중요하다. 주체
성을 존중한다는 말은 타인의 개별적인 생각, 감정, 의
견, 선택에 더해 타인이 스스로의 삶을 결정하고 통제
할 수 있는 능력이 있음을 인정하고 존중하는 것을 의
미한다. 이는 개인이 자신의 신념, 가치, 욕구에 따라
행동하고 결정을 내릴 수 있는 독립적인 존재로서 대
우받아야 한다는 관점을 반영한다.

주체성을 존중하는 태도는 대화에서 그들의 의견을
경청하고, 그들의 결정과 선택을 존중하며, 강요나 지
나친 간섭 없이 개인의 자율성을 인정하는 것을 포함
한다. 주체적인 변화를 끌어내기 위한 다른 방법으로는
'감정의 공유'가 있다. 쉽게 말하면 '공감'이다. 공감은
마치 마법 같다. 단순히 타인의 감정을 인식하는 것을
넘어, 마음의 다리를 놓는다. 우리가 공감을 통해 타인

의 기쁨이나 슬픔을 자신의 것처럼 느낄 때, 우리는 타인의 세계로 조금 더 가까이 다가갈 수 있게 된다. 그 과정에서 우리는 타인의 내면세계를 탐험하고, 그들이 왜 그런 행동을 하고 반응하는지에 대한 깊은 이해를 얻게 된다. 이렇게 공감은 자신을 넘어서 타인과의 진정한 연결을 형성하며 서로를 변화시키는 힘으로 작용한다. 공감은 그저 상대의 이야기를 듣는 것이 아니다. 그 이야기가 우리에게 어떻게 울려 퍼지는지를 경험하는 것이다.

공감을 받은 사람은 자신의 기분을 누군가 알아준다는 느낌을 넘어선 안정감을 느낀다. 이러한 안정감은 현재 상황을 좀 더 적응적으로 바꾸고자 하는 의욕을 불러일으킨다. 공감적 유대가 부족하면 대화는 물론 인간관계도 잘 풀리지 않는다. 공감은 마음에 쉼을 준다. 누군가에게 공감받을 때, 우리는 자신의 감정이 이해받고 있다는 따뜻한 느낌을 받게 된다. 반대로 공감적 유대가 부족하면 사람들은 서로의 마음을 들여다볼 수 있는 다리가 없어 관계의 흐름을 잘 타지 못하며 서로를 오해하고 멀어지기도 한다.

누군가와 겪은 사소한 말다툼이나 작은 오해는 대화의 태도에서 공감이 부족했다는 신호라고 볼 수 있다. 나 역시 얼마 전 아이와 사소한 이견이 있었고, 그 순간을 돌이켜보니 엄마로서의 권위를 앞세우는 태도가 문제였다. 공감보다는 지시와 통제가 앞섰던 것이다.

공감의 세계는 두 가지 차원이 어우러져 있다. 하나는 머리로 이해하는 인지적 공감, 다른 하나는 마음으로 느끼는 정서적 공감이다. 대화가 진정으로 효과적이기 위해서는 이 두 요소가 아름다운 조화를 이루어야 한다. 머리로만 상대방의 말을 이해한다면, 그 감정의 깊이를 제대로 포착하지 못할 수 있다. 책의 줄거리만 알고 그 속에 담긴 감정의 깊이를 놓치는 것처럼 말이다. 반대로 오직 감정적으로만 공감한다면 우리는 마음의 바다에서 표류하며 결국 정작 중요한 문제 해결에는 이르지 못할 수 있다. 그러므로 이 두 가지 공감의 미묘한 균형을 찾는 것이 중요하다.

누군가가 마음을 헤아려 주면 마음이 평온해지고 새로운 의욕이 생긴다. 이는 상대가 머리와 가슴으로 이해해 줄 때 감정의 공명을 느끼는 정서적 작용이다. 대화가 관심을 공유하는 단계에서 기분을 나누는 단계로 넘어갈 때, 두 사람 사이에서 생겨난 친밀감은 신뢰로 이어진다.

심리학자 칼 로저스는 '정확한 공감'이라는 개념의 중요성을 강조했다. 로저스의 관점에서 볼 때 '정확한 공감'은 단순히 상대에 대한 동정이나 지나친 감정 이입을 넘어선다. 상대방의 상황과 감정을 객관적이고 중립적으로 세밀하게 파악하는 것을 의미하며, 상대의 기분을 세심하게 이해하는 데 초점을 맞춘다. 자신과 상대를 동일시하거나 독선적으로 해석하지 않는다. 상대방의 감정과 생각을 진정으로 이해하고 공감하는 데 집중한다.

세진 씨는 최근 스트레스가 많다. 직장에서의 압박감과 개인적인 문제들이 겹쳐서 마음은 무겁다. 어느 날, 오랜 친구 지우와 차를 마시며 이야기를 나누다가 최근 겪은 어려움을 솔직하게 털어놓았다. 이 문제들을 해결할 방법을 찾지 못해 좌절감을 느끼고 있었던 차였다. 친구는 이야기를 조용히 들었다. 조언을 하거나 문제의 해결책을 서둘러 제시하지 않았다. 대신, 세진 씨의 감정에 공감하며, 그의 입장에서 문제를 바라보려고 노력했다.

"정말 힘든 상황이야. 네가 느끼는 감정을 충분히 이해해. 그런 상황에서 그렇게 느끼는 것은 당연해."라고 지우가 말했다. 세진 씨는 지우의 말에 마음이 조금 풀렸다. 지우의 공감 덕분에 자기 감정이 정당하다고 느꼈고, 어려움을 겪고 있다는 사실을 부끄럽게 생각하지도 않았다. 지우는 친구의 감정을 '정확한 공감'으로 이해하고 받아들여, 세진 씨가 자신의 문제를 객관적으로 바라볼 수 있도록 안전한 공간을 만들어주었다.

특히나 세상의 무게에 쉽게 짓눌림을 당하는 사람들에게 '정확한 공감'은 더 절실하다. 몸이 아프고 마음이 지칠 때 그들은 더욱 세심한 위로와 이해가 깃든 공감을 갈망한다. 사랑하는 이의 따스한 목소리처럼 온기 있는 공감은 그들에게 가장 필요한 선물이다. 인간관계 속에서 자주 겪는 어려움과 오해, 서로에게 상처를 주는 일들은 대부분 서로를 깊이 이해하고 공감하지 못하기 때문에 일어난다. 말 한마디, 섬세한 손길이 상대방의 아픔에 닿을 때 서로의 마음은 치유된다.

편안한 말의
온도를 유지하자

자기방어

수 해 전에 남편은 동백꽃을 좋아하는 나를 위해 동백
나무를 집안에 들였다. 꽃봉오리가 가득한 동백나무 화
분이었다. 꽃이 피기를 기대하며 매일 기쁜 마음으로
화분을 들여다보았으나 얼마 지나지 않아 문제가 생겼
다. 꽃봉오리들이 하나씩 떨어져 나갔다. 급히 화분을
베란다로 옮겼으나 꽃봉오리는 계속 떨어지고, 심지어
잎까지 떨어져 나갔다. 이 사건 이후 남편과 나는 '너무
나 아름다운 동백나무를 망쳐버렸다'는 죄책감이 들어
식물을 키우는 일에 소극적이게 되었다. "그래, 우리는
동물은 잘 키우지만 식물은 소질이 없는 것 같아."하면
서 말이다. 식물을 좋아하지만 그 일이 있고 난 이후 식
물을 집안에서 키우는 것은 피한다. 죽일까 봐 걱정되
고, 식물에 필요한 습도와 온도를 맞추는 일이 힘들었
다. 이제는 산책을 하며 그저 자연에서 자라는 식물들
을 관찰하는 것으로 만족을 얻는다.

꽃을 피우고 열매를 맺는 시기는 계절마다 다르다. 봄에는 봄대로, 여름에는 여름대로 그들의 생명주기가 있다. 겨울 산책에 나서면 서리와 눈이 쌓인 모습을 종종 볼 수 있다. 추운 겨울일지라도 따뜻한 날에는 눈 대신 비가 오기도 하고, 비가 마르기 전에 기온이 떨어지기라도 하면 가지와 잎에 얼음이 맺히기도 한다. 여름에는 이슬이 되는 물방울이 겨울이 되면 서리로 변한다. 그리고 눈으로 바뀌었다가 다시 햇볕에 의해 녹아 물이 된다. 온도에 따라 그 모양과 상태가 달라진다. 12월 말 이른 아침 산책길이었다. 햇볕이 잘 드는 양지에 있던 눈은 물로 변했지만, 햇볕이 잘 들지 않는 음지의 눈은 여전히 그대로 남아 있었다. 날씨가 더 포근해지는 한낮이 되면 마지막 눈까지 녹을 테지만, 그 정도로 온도가 상승하지 않은 터였다. 자연은 순리를 거스르는 법이 없다. 햇볕이 곁을 주면 얼음은 스르르 녹고, 차가운 기운이 깃들면 다시 얼어붙는다.

온도에 따라 물은 얼기도 하고, 녹기도 하지만, 물은 물이다. 사람들은 자기 모습이 다른 모습으로 보일까봐 자신의 모습이 왜곡되어 보일까 두려워하고, 그 모습을 감추기 위해 자신을 숨기곤 한다. 대화를 할 때도 상대방으로부터 차가운 느낌을 받으면 자신에게 해가 될까, 상처를 받을까, 또는 다른 나쁜 일이 생길까, 불안감에 휩싸여 뒷걸음질 치고는 한다. 심리학에서는 이러한 행동을 '자기방어'의 일종으로 보며, 학문적인 용어로는 '방어기제'라고 부른다.

사람은 위협이나 불안을 느낄 때 무의식적으로 자신을 보호하려는 생각이 들어 방어기제를 사용해 보호막을 형성한다. 이 방어기제는 스트레스 혹은 감정적 어려움에 대처하는 좋은 전략이 될 수 있지만, 부적절하거나 과도하게 되면 부작용이 따를 수 있다. 관계에서 오해와 갈등이 생길 수 있고, 자신의 진정한 감정이나 문제를 알아보는 데 방해가 될 수 있다.

지은 씨는 심사숙고하며 준비한 프로젝트 제안서를 발표했다. 그런데 팀원인 다영 씨가 그 제안서에 대해 몇 가지 비판적인 의견을 제시하는 게 아닌가. 다영 씨는 구체적으로 효율적인 대안을 제시하고 있었지만, 지은 씨는 자신의 아이디어가 거부당했다고 생각해 기분이 상했다.

자기방어식 대화

지은 제가 제안한 프로젝트에 대한 이견
있으신 분은 말씀해 주세요.

다영 이 제안서는 예산과 시간이 많이 들어서
재고해야 할 필요가 있어 보입니다.

지은 저는 이 프로젝트를 위해 밤낮없이
고심했고 이게 최선이었습니다.

다른 의견을 제시한 다영 씨가 탐탁지 않은 지은 씨는 더는 남의 말을 듣고 싶지 않았다. 감정이 상해 마음이 냉랭해졌다. 즉시 반박하고 싶고, 또 방어적으로 변하고 싶은 충동을 느꼈다. 아무 말도 하지 않고 이대로 상황이 끝나버리면 지은 씨의 마음에는 다영 씨에 대한 서운함과 적대감만 남게 될 것이었다.

지은 씨는 이 상황에서 편안한 말의 온도를 찾아가기 위해서는 어떤 반응을 시도해야 할까? 잠시 숨을 고른 지은 씨는 다영 씨가 제시한 안건들이 프로젝트 개선을 위한 기회인지에 대해 다시 생각해 보려고 노력했다. 생각해 보니 다영 씨의 말이 틀리진 않았다. "다영 씨, 의견 감사합니다. 어떤 점에서 개선이 필요한지 추가적으로 설명해 주실 수 있으실까요?"하고 말해 그 개선점을 더 들을 수 있었다.

사람들은 대화할 때 매우 조심스러운 태도를 보일 때가 많다. '나도 모르는 사이에 남에게 말실수를 하지는 않았을까?'라는 걱정으로 편안한 대화를 나누기가 어려워 보인다. 더 편하게 말하고 싶어도 끊임없는 자기검열로 인해 결국 본인이 하고 싶은 말을 제대로 표현하지 못하는 경우가 많다. 화자가 다소 냉랭하게 말했을 때 청자가 온도를 높여 따뜻하게 대응하면 서로 균형을 맞출 수 있다. 반대로 한 사람이 뜨겁게 반응하면 다른 사람이 이성적이고 차분한 태도로 응답함으로써 평정심을 찾을 수 있다. 한쪽이 과격하게 반응할 때, 상대방도 같은 방식으로 반응하면 양쪽 모두 균형을 잃고 대화가 무너질 위험이 있다. 결국 원활한 관계 유지가 어렵게 된다. 이론적으로는 이해가 가지만 실제 대화 상황에서 평정심을 유지하기 어려울 수 있다. 그 이유는 다음과 같다.

첫째, 감정이 격해지거나 분노, 화, 슬픔 등의 감정은 이성적인 사고를 담당하는 뇌보다 빠르게 반응한다. 그래서 많은 이들이 논리적이지 못하게 되고 감정에 휘둘리다가 결국 상황을 그르치는 경우가 흔하다.

둘째, 뭔가 위협이 되거나 스트레스 상황이 발생하면 우리 뇌는 '싸우거나 도망가라'고 지시한다. 그래서 감정적으로 격한 방어적 행동을 하기 십상이다.

셋째, 개인의 성격적인 부분과 감정적으로 방어하는 습관이 형성된 경우이다.

대화 중에 뭔가 불편감이 느껴진다면 '아, 지금 내 온도와 상대방의 온도가 다르구나. 나는 어떤 온도로 있어야 균형 잡힌 대화가 유지가 될까?'를 생각해 보자. 나 또한 최근에 이 부분에서 실패하고 말았다. 상대방이 차갑게 말하길래 당황해서 긴장하고 말았다. 좀 더 여유를 가지고 '내가 조금 더 따뜻하게 다가가야겠구나'라는 태도를 취했다면 한쪽으로 치우칠 일은 없었을 텐데 말이다. 또한 상대가 감정적으로 격앙되어 있을 때는 나는 차분하고 이성적인 태도로 균형을 맞추는 것도 방법이다. 물론 모든 상황에서 이 방법이 완벽하게 통하는 것은 아니지만 일상적인 대화에서는 분명히 도움이 되는 접근법이다. 이런 자세를 취하면 대화가 한쪽으로 치우치지 않고 더 균형 잡힌 소통이 가능해질 것이다. 이렇게 서로의 감정적 온도를 읽고 적절히 조절하면 관계는 더욱 편안하고 조화로운 관계로 발전할 수 있다. 상대의 감정을 인정하고 존중하는 것, 그리고 때로는 자신의 감정을 조금 절제하며 상대를 이해하려는 노력이 관계를 더욱 편안하게 만든다. '편안하게 느껴지는 내 체온'처럼 말이다.

내 이야기를
매력적으로 하자

열린 질문, 닫힌 질문

보통은 상대방에게 관심이 생기더라도 선뜻 "당신에게 관심 있어요."라고 말하지 않는다. 관심은 말보다 비언어적인 표현을 통해 더 쉽게 드러난다. 말할 때의 말투, 표정, 몸의 기울임, 손 모양 등으로 관심을 표현 또는 표출한다. 상대방을 향한 존중이 생기면 그 사람이 경험한 것들에 대한 관심의 정도가 높아진다. 상대방이 어떤 생각을 하고 있는지, 경험은 어떠했는지, 그 사람의 관심사는 무엇이고, 무엇에 대해 잘 알고 있는지 묻고 싶어진다. 이러한 질문은 상대방을 향한 진정성 있는 존중에서 비롯된다.

예를 들어 직장 스트레스로 퇴사 고민을 하는 사람이 있다면 "지금 관두면 다른 회사 가기 힘드니까 조금 더 참아봐. 회사가 다 그렇지 뭐."라는 말 대신, "회사를 그만두고 싶은 만큼 스트레스가 심한 것 같은데 무슨 일 있었어?"라고 물어보자. 친구와 오해가 생겨 힘들어한다면 "친구가 네 말을 오해했다고? 엄청 속상했겠네." 라는 공감도 좋고, "친구가 네 말을 오해했을 때 너는 어떻게 대처했니?"라고 반응해 주면 조금 더 상대가 자신의 삶을 직시하고, 책임감 있는 자세를 갖도록 도울 수 있다.

우리는 보통 자기 이야기를 할 때 가장 신이 난다. 이는 사람들이 자신의 경험, 생각, 감정을 공유할 때 뇌에서 보상과 관련된 신경전달물질인 도파민이 분비되기 때문이다. 심리학에서는 이러한 과정이 감정적 해방이나 정화, 즉 카타르시스의 일환이라고 본다. 개인이 자신의 경험을 이야기하면서 느끼는 감정적 해소는 스트레스를 줄이고 불안감을 가라앉히는 데 도움을 준다.

그런데 상대가 내 말에 흥미를 잃어 피드백하지 않는다면 어떤 일이 벌어질까? 대화의 초점은 흐려지고, 영혼 없는 말들이 나열되며, 주의가 산만해진다. 대화의 흐름이 갑자기 바뀌거나 엉뚱한 주제가 불쑥 튀어나오기도 한다. 이런 상황이 되면 상대에게 내가 매력적인 존재가 아님을 깨닫게 되고, 내면의 수치심과 죄책감을 느끼게 된다. 이러한 감정을 감추기 위해 관심 없는 척하며 새로운 노력을 시작하지만, 이러한 꾸미는 행동은 관계의 질을 망가뜨리고 진정성을 해친다. 진정성이 상실되면, 관계를 지속시킬 수 있는 연결고리도 끊어진다.

열린 질문

대화를 할 때 상대방이 '예', '아니요'로 답하게 하는 것보다 상대방이 이해하는 의미를 스스로 이야기할 수 있도록 탐색 질문을 하면 좋다. 대답에 제한이 없는 질문이다. 누구나 이야기의 초점이 자신이기를 바란다. 그러니 상대방이 무엇을 말하든 따라가면서 질문하면 된다. 상대방이 좀 더 자신의 이야기를 자연스럽게 풀어낼 수 있도록 초대해 보자. 열린 질문은 대화를 깊이 있게 파내려 가고 더 넓게 확장하는 역할을 한다.

그 말은 어떤 의미인가요?

그것에 대해 더 애기해 줄래요?

닫힌 질문

대화를 할 때 '예', '아니요' 등으로 짧게 단답형으로 대답하게 만드는 질문이다. 더 확장될 수 없게 양자택일을 강요하는 듯한 느낌이며, 상대방이 충분히 의견을 표현하고 싶어도 '뚝' 끊어지듯 제한된다. 이러한 질문은 필요한 정보를 빠르고 정확하게 얻어야 하거나, 대화의 방향을 뚜렷하게 좁혀야 할 때 유용하게 사용한다.

일주일 동안 스트레스를 많이 받았나요?

오늘 아침 기분이 좋으셨나요?

이해받지 못한다고 느끼는 사람은 다른 사람들이 자신을 진지하게 대하지 않고, 자기 이야기를 충분히 이해하지 못한다고 생각한다. 이들은 종종 혼자라는 외로움을 느끼며, 다른 사람들과 비교해 스스로를 보잘것없는 존재라고 여긴다. 보통은 어릴 적부터 자신의 주관적인 경험과 느낌을 인정받지 못한 채 성장한 사람들에게 드러나는 특징이다. 성장 과정에서 들었던 감정을 부정당하고 부인당한 말들이 지금까지도 감정에 영향을 미치고 있는 것이다.

그렇게 느끼면 안 돼. 그건 잘못된 거야.
뭘 이런 걸 가지고 그렇게 화내?
넌 지금 피곤할 리가 없어. 열심히 일하지도
않았잖아.
그런 얘기 좀 나한테 하지 마.

내가 필요와 감정을 이야기할 때, 상대가 이를 인정하지 않고 흘려버린다면 어떨까. 극단적으로 말하면 아마 '미쳐버릴 것 같은 기분'이 들 것이다. 이러한 기분을 다시는 경험하고 싶지 않기 때문에 우리는 열심히 자신의 이야기를 끝없이 풀어내고 싶어 한다. 자신의 경험과 감정이 온전히 받아들여지지 않으면, 마음 한구석이 점점 더 외로워지고 스스로를 움츠리게 될 수밖에 없다. 그래서 우리는 진심으로 귀 기울여 주고 따뜻하게 공감해 줄 누군가를 간절히 찾는다. 누구나 자신의 감정을 존중받고 싶어 하고, 그 과정을 통해 비로소 '내가 여기 있다'는 존재의 의미를 확인하며 위로받는다.

내가 너무 과하게 반응했구나.
실제로 그런 일은 일어나지 않았는데
내가 오해하는 거야.

사람은 자신의 감정과 경험이 있는 그대로 받아들여지길 바란다. 하지만 그런 경험이 충분히 공감받지 못하면, 자신이 느낀 감정을 어떻게 표현해야 할지조차 혼란스러워진다. 결국, 자신의 진짜 마음을 솔직하게 드러내지 못한 채 주변의 반응을 살피며 맴돌 뿐이다. 누군가가 내 감정을 있는 그대로 이해해 주고 존중해 줄 때 비로소 우리는 스스로를 온전히 받아들이고, 더 깊이 있는 대화를 나눌 수 있게 된다.

거짓말로 쓴
에고의 자화상

이드, 에고, 슈퍼에고

아동과 청소년을 상담하는 과정에서 종종 눈에 띄는 것이 바로 그들의 손톱이다. 성별과 관계없이 많은 학생이 피가 날 정도로 짧게 손톱을 깨물거나 뜯은 채로 상담실을 찾는다. 손톱이 거무스름하게 변색될 정도로 심하게 손상된 경우도 있다. 모든 사람에게는 각자의 습관이 있지만, 이와 같은 손톱 물어뜯기 같은 습관은 때때로 그들의 내면 심리를 반영하는 신호일 수 있다.

다리 떨기

머리 꼬기

입술 깨물기

눈을 자주 깜박이기

무의식적으로 휴대폰 확인하기

눈썹을 만지거나 뽑기

이 밖에 여러 습관들이 관찰되며, 이러한 행동은 무의식적인 스트레스 반응이거나 내면의 불안감을 나타내는 경우로 해석된다. 이와 유사하게 사람들은 종종 자신의 감정을 속이거나 왜곡하는 방식으로 거짓말을 한다. 예를 들어, "당신은 거짓말을 자주 하나요?"라는 질문에 대부분은 대답을 주저한다. 대부분의 사람들은 상황에 따라 진실을 감추고, 기분이 나쁘더라도 "나 기분 안 나빠.", 문제가 있음에도 "나 문제없어."라고 말하는 등 자신의 감정을 숨기거나 왜곡해 표현한다.

프로이트의 정신분석학 이론에서 이드Id, 에고Ego, 슈퍼에고Super-ego라는 용어가 등장한다. 이 이론에 따르면 인간의 정신은 이드, 에고, 슈퍼에고라는 세 가지 구성 요소로 나뉜다. 이 세 부분은 서로 다른 기능을 가지며 개인의 행동과 심리적 과정에 영향을 미친다. 이드는 본능적인 욕구와 충동을 대표하며, 쾌락 원칙Pleasure Principle을 따른다. 이드는 태어날 때부터 가지고 있는 원초적인 구성 요소로, 즉각적인 만족을 추구한다. 에고는 현실 원칙Reality Principle에 따라 행동하며, 이드의 본능적인 욕구와 외부 세계 사이에서 중재자 역할을 한다. 에고는 논리적 사고, 판단, 계획을 담당하며, 현실적인 방식으로 욕구를 충족시키기 위해 노력한다. 슈퍼에고는 도덕성과 이상을 대표하며, 개인 내부의 윤리적인 기준과 사회적 규범을 반영한다. 슈퍼에고는 종종 에고에게 '올바른 것'이 무엇인지를 상기시키며 죄책감이나 자긍심과 같은 감정을 통해 행동을 조절한다.

거짓말은 때때로 에고의 작용으로 볼 수 있는데, 이는 현실에서의 욕구 충족이나 상황을 관리하기 위해 허위 정보를 제공하는 방식을 사용할 수 있기 때문이다. 예를 들어, 사회적 불이익을 피하거나 자신의 이미지를 보호하기 위해 에고는 거짓말을 하며, 이를 통해 개인은 자신의 욕구와 현실 사이에서 발생하는 갈등을 해결하려 한다. 에고는 현실적인 결과를 고려해 때때로 사실을 왜곡하거나 숨겨서 즉각적인 불이익을 피하고 장기적인 목표를 달성하기 위해 거짓말을 사용할 수 있다. 이러한 행동은 개인이 더 큰 사회적, 심리적 압박에서 자신을 보호하기 위한 일시적인 일시적인 방법이 될수 있다. 심리학의 관점에서 거짓말의 원인을 살펴보면 인간의 복잡한 심리적 동기와 사회적 요인이 상호작용하는 모습을 발견할 수 있다. 거짓말은 단순히 불성실한 행위를 넘어, 근본적인 인간 심리의 반영이며 생존전략의 일부로 기능하기도 한다. 이러한 심리적 동기를 살펴보자.

거짓말은 자신의 욕구와 즉각적인 만족을 충족시키거나, 장기적 이익을 얻기 위한 전략적 수단으로 사용된다. 또한, 잘못된 행위로 인한 결과로부터 스스로 보호하기 위한 방어기제로 작동할 수 있다. 일상적인 책임과 의무로부터 벗어나고자 할 때, 과제나 집안일을 피하기 위해 거짓말을 하며 이는 부담감을 회피하는 행위에서 비롯된다. 개인적인 위기나 실패, 예를 들어 가정 문제나 급격한 생활 변화가 있을 때 사람들은 자신의 자존감을 지키고자 거짓말의 빈도를 늘릴 수 있다. 자존감을 부풀리기 위해 타인의 시선을 의식하며 과장된 자화상을 만들어 내는 거짓말을 하거나, 다른 사람을 조종하고 착취하여 개인의 욕망을 충족시키기 위해 거짓말을 하기도 한다.

충동적인 거짓말은 순간적인 흥분을 추구하거나, 자신의 행위에 대한 책임을 회피하며 남을 탓하는 방어적 태도에서 나타날 수 있다. 반복적인 거짓말과 과장으로 현실과 환상의 구분을 잃게 되며, 이는 낮은 자존감과 불안감을 가진 개인이 자신을 보호하기 위해 사용하는 내적 방어 메커니즘이다. 우리는 때로 스스로 엄격하게 판단하며 자신의 외모, 가치, 능력에 대해 열등감을 느낄 수 있다. 이런 감정은 에고의 작용으로 이어져, 우리를 보호하기 위해 현실을 다르게 표현하는 거짓말로 이어질 수 있다. 이는 자기 스스로에 대한 신뢰가 부족할 때나, 사회적으로 연결되어 있지 않다거나, 거부당하고 있다고 느낄 때 발생할 수 있다.

에고는 내면에서 매우 복잡한 역할을 수행한다. 그것은 우리가 가장 강하고, 가장 부유하며, 가장 영향력 있는 모습으로 보이기를 갈망한다. 그리고 현실이 이러한 기대를 충족시키지 못할 때 에고는 환상을 창조해 현실을 더 아름답게 보이게 만드는 도구로 거짓말을 사용한다. 그러다 보면 거짓말은 점점 더 현실과 구별하기 어려운 환상의 세계로 우리를 이끌고, 그 환상을 타인에게도 진실처럼 느끼게 한다.

특히 어린이에게서 순진한 형태로 나타나고는 한다. 아이들은 '우리 엄마가 세상에서 가장 예뻐' 또는 '우리 아빠는 이 세상에서 가장 힘이 세'와 같은 말을 하면서 자신들의 바람을 현실처럼 말한다. 이러한 이야기들은 현실과 다를 뿐만 아니라, 아이가 현실이 되기를 소망하는 바람을 드러낸다. 아이가 거짓말을 반복할수록 그 이야기는 아이는 물론 아이가 그 이야기를 들려준 사람들에게 점점 더 현실처럼 느껴지기도 한다.

이해해야 할 것은 거짓말은 때때로 자아 보호의 방어기제이거나, 개인의 바람과 꿈을 표현하는 방식일 수 있다는 것이다. 그러나 진실과 진정성을 통해서만 건강한 자존감을 구축하고 타인과의 진정한 연결을 경험할 수 있다는 점을 기억해야 한다. 아이들이나 성인이나, 모두 자신의 진정한 가치와 능력을 인정받고, 자신이 원하는 삶을 현실로 만들기 위한 긍정적인 방법을 찾는 것이 중요하다.

인간은 가치 있는 존재다. 그러니 각자가 가진 고유

한 가치와 잠재력을 인정받는 경험이 필요하다. 누구나 실수를 할 수 있고, 그 과정에서 배울 수 있다. 때로는 에고가 스스로를 보호하려 할 때 거짓말을 하게 되지만, 진정한 자신감과 자기 수용을 통해서 솔직하고 진정성 있는 삶을 살아 가자. 스스로 진정 소중한 존재임을 인지하며, 나만의 독특한 재능과 강점을 발견해 나아가자.

내 감정을
표현할 때는
내용에 충실하자

감정의 보편성·합리성

말을 편하게 하고 싶을수록, 오히려 말하기가 더 불편해진다는 사실은 분명하다. 멀리 갈 것도 없이 오랫동안 나와 함께 살고 있는 내 가족과의 대화에서도 끊임없이 말을 걸러내고 있다는 사실에 놀랄 수밖에 없다. '나는 이렇게 말하기가 어려운 사람이었구나' 가족들에게도 스스럼없이 말하지 못하는데 다른 사람들에게는 오죽할까. 소위 말로 먹고사는 직업인데도 불구하고 말이 어려워지고 있었고 말하기가 겁났다. 그래서 더욱더 말 좀 편하게 하고 싶다는 절실함 때문에 '말'에 대한 주제로 글을 써야겠다는 생각이 간절해졌다. 욕구가 구체화되고 절실해질수록 답답함이 밀려왔다. 말이라도 좀 편하게 하고 살면 참 좋겠다는 생각에 마음이 분주했다. '다른 사람들은 괜찮을까?', '나만 말하기가 힘든 걸까?', '아니면 힘들다는 사실조차도 자각하지 못한 채 살고 있는 거 아닐까?' 많은 의문이 몰려온다.

　하려던 말을 제대로 하지 못할 때 '마음이 답답하다'고 표현한다. 이 말은 내가 느끼는 감정을 충분히 전달하지 못했다는 뜻이다. 내가 느낀 감정을 전달하지 못해서 속상하고 화나고 억울하다는 의미다. 이처럼 말을 통해 내 마음이 표현되지 않으면 마음속 깊은 곳에 차곡차곡 감정이 쌓이게 된다. 마음은 감정과 생각을 느끼는 상태다. 마음이라는 단어와 감정이라는 단어가 유사하게 사용되는 이유는 흔히 마음과 감정에 대한 정의를 비슷하게 내리고 있기 때문이다. 마음속에는 여러 가지 마음 즉, 다양한 감정들이 존재한다. 흔히 느끼는 대표적인 감정으로는 기쁨, 슬픔, 화, 분노, 서운함, 두려움 등이 있는데, 이 감정들은 느낌이나 기분, 생각에 따라 계속 변한다. 이런 감정들은 겉으로 드러나는 행동과 말로 드러나기 때문에, 사람들은 다른 사람의 마음을 가늠할 수 있다.

　하루를 살아가는 동안 수없이 많은 감정이 마음을 스쳐 간다. 표현되기도 하지만 표현되지 않은 감정들도 많다. 마음과 감정을 잘 표현하는 것도 능력으로 볼 수 있겠다. 표현 능력이 뛰어나면 자신의 마음을 편안하게 유지할 수 있고 다른 사람과의 관계도 원활하다. 감정을 잘 드러낼 수 있는 말을 선택해, 표현력을 키워보자. 이왕이면 자신의 감정을 잘 드러내면서도 타인을 다치지 않게 보호할 수 있는 말을 사용하자. 말을 하는 사람도 듣는 사람도 다치지 않는 소통 방법이 중요하다.

"감정을 표현한다."라는 말을 들으면 어떤 느낌이 떠오르는가? 유독 우리나라에서는 '감정'보다는 '이성'이라는 단어를 선호하는 듯하다. 역설적으로 우리나라 사람들은 감정적이고, 감정이 풍부하고, 감정에 치우치는 편이다. 감정을 표현하면 실수할 것 같고, 약해 보일까 봐, 관계가 틀어질까 봐 두려움을 느끼게 된다. 이러저러한 이유로 느끼고 있는 감정을 제대로 드러내는 일이 불편할 수 있다. 게다가 감정이 늘 같은 모양을 갖는 것도 아니고, 같은 감정일지라도 상황에 따라 표현이 허용되지 않기도 한다. 언제 참아야 하는지, 언제 표현해야 하는지 기준이 모호해서 선뜻 '내 마음에서 일어나는 그 무엇'을 드러내기 쉽지 않다.

친구 관계, 연인 관계, 부모 자녀 관계, 직장 상사와 부하직원 간의 관계 등 어떤 관계냐에 따라 표현해도 되는 내용이 달라진다. 이유는 각 관계 유형마다 서로에 대한 기대치가 다르기 때문이다. 기대치가 과하게 높거나 과하게 낮으면 곤란하다. 보편적인 기준에 맞춰야 적절한 표현이 가능하다. 같은 맥락에서 수준에 맞는 적절함을 유지해야 관계가 어긋나지 않고 보존된다. 그렇다면 어떻게 해야 적절한 기대에 부응하는 표현을 할 수 있을까?

아무리 감정을 표현하는 게 좋다지만 무분별한 감정 표현은 곤란하다. 조절되지 않은 감정 폭주는 관계를 해치는 것은 물론이며 폭주한 당사자에게도 심한 자괴감과 후회를 남길 수 있다. 충동적인 감정 표현을 막으려면, 먼저 그 순간 어떤 감정을 느꼈는지 인식하는 것이 중요하다. 만약 실망스러움이 감정이었다면 선행조건으로는 기대감이 있었을 것이다. 그렇다면 그 기대에 대한 간단한 점검이 필요하다.

내가 그 사람에게 건 기대가 일반적인가? (보편성)
내가 그 사람에게 건 기대가 적절한가? (합리성)

보편성

동호는 대학교 조별 발표를 위해 자료를 모으고 있다. 조원들과 함께 노력하며 프로젝트를 진행하는 중, 한 조원이 자신이 맡은 자료를 마감 기한까지 제출하지 않아 과제 발표에 차질이 생기고 있다. 이로 인해 동호와 다른 조원들은 조금씩 답답함과 불안함을 느끼기 시작한다. 우리는 이따금 책임감 있는 태도를 기대하며 협력을 통해 어떤 일을 성취하기를 바란다. 따라서 팀의 한 구성원이 약속을 지키지 않을 때, 그로 인해 발생하는 실망감은 자연스러운 반응일 수 있다. 이는 많은 사람이 비슷한 상황에서 경험할 법한 보편적인 감정이다.

합리성

중학생 소희 양은 친한 친구의 잦은 약속 취소 때문에 스트레스를 받고 있다. 우리는 때로는 예상치 못한 개인적인 사정으로 인해 약속을 취소할 수 있다. 친구가 중요한 개인적인 이유로 약속을 취소했다면 우리는 이를 이해하고 받아들이는 것이 합리적이다. 하지만 같은 친구가 자주, 그리고 아무런 이유 없이 약속을 취소해서 불만을 느낀다면 그 역시 합리적인 반응이 될 수 있다. 이럴 때는 감정을 솔직하지만 존중하는 방식으로 표현하는 것이 중요하다. "나는 우리 약속을 정말 기대하고 있었어. 그런데 자꾸 약속이 취소하면 내 입장에서는 우리 관계에서 소외감을 느낄 수 있어."라고 말하는 것은 상황을 공정하게 전달하며, 감정을 건강하게 표현하는 합리적인 방법이다.

'내가 그 사람이나 그 상황에 대해 가졌던 기대가 나뿐만 아니라 다른 사람에게도 동일하게 합당한 것이었을까?' 만약 이 기대가 무너졌을 때 '다른 누구라도 나처럼 실망을 했을까?'라고 자문해 보자. 이 물음에 '그렇다'라고 수긍이 된다면, 그때는 용기를 내어 자신의 감정을 표현해 보아도 좋을 듯싶다. 남들도 나처럼 당연하게 여길만한 감정이기 때문에 오히려 감정을 표현하지 않게 되면 그 또한 '보편적 수준'에서 벗어나는 것이다. '부정적 감정'을 느꼈을 때 지속적으로 억누르게

되면 갑자기 폭발하고 만다. 이른바 정동情動 폭주가
되는 것이다. 여기서 정동은 일시적으로 급격히 일어나
는 희로애락 같은 감정 때문에 생각이 멈추거나 신체
변화가 뒤따르는 강렬한 감정 상태를 말하는 심리학 용
어다. 상대방에게도 '내가 지금 불편한 감정이 생기고
있어'라는 시그널을 주지 않고 꾹꾹 참고만 있다면 언
젠가는 터지고야 만다. '풍선에서 공기 빼기'처럼 폭발
하기 전에 조금씩이라도 내 감정을 표현해야 한다.

감정의
독을 빼자

내러티브 정서 표현

감정을 적절하게 표현해야 하는 필요성에 알아보았
는데 이번에는 감정을 어떻게 하면 잘 표현할 수 있을
지 살펴보자. 먼저 화를 잘 내는 방법에 대해 알아보자.
'화를 어떻게 내야 잘 내는 거지?'라는 생각에 머리를
갸우뚱거릴 수 있다. '화병'이 생기는 이유는 화라는 감
정이 적절한 방법으로 표현되지 않아서다. 지속적으로
화를 숨기고 억누르며 살면 '화병'이라는 병명을 얻게
된다. 병에 걸리지 않기 위해서라도 '화'라는 감정을 적
절하게 표현하는 것이 중요하다. 그런데 화는 어떻게
표현해야 할까? 어차피 상대는 이해하지도 못할 텐데,
굳이 표현하고 싶지 않다고 생각할 수 있다. 좋은 결과
를 얻지 못할 바에 무엇 하러 힘들게 감정을 소모하냐
는 생각이다. 차라리 시도하지 않고, 그 어떤 표현도 하
지 않는 편이 낫다는 쪽으로 기울 수 있다. 나 또한 그
렇게 사는 게 편하다 여기며 회피하고 타협한 적이 한

두 번이 아니다.

하지만 화는 감정이다. '나' 때문에 화나고, '너' 때문에 화나고, '우리' 때문에 화가 난다. 화는 어디에서나 누구에게나 생길 수 있는 감정이다. 그렇다면 이제 다시 이 화를 '어떻게 잘 처리할 수 있을까'를 생각해 보자. 화가 난다면 우선 '화라는 감정이 느낌으로 오게 된 상황(경위)'를 살펴보면 좋다. 앞선 글에서 살펴보았듯이 자신이 느끼고 있는 화가 보편적이고 적절하다면 좀 더 적극적인 자세로 화낼 준비를 해야 한다. 몇 번을 생각해 보아도 똑같은 상황이면 또다시 화가 날 것 같은지 생각해 보자. 그리고 상대방과의 관계를 잘 유지하고 싶다는 생각이 든다면 이 감정을 '잘 표현할 준비'를 시작한다.

화는 감정에 속하지만 화가 나게 되기까지의 과정 이야기가 있을 것이다. 이야기의 내용이 무엇인지 전달하면 좋다. 예를 들어 직장 동료와 업무적인 일로 화가 올라왔을 때는 그 감정 자체를 드러내는 것이 아니라 화날 수밖에 없는 불편한 내용을 편히 이야기하듯 상대방에게 전달해 주면 좋다. 내러티브Narrative식 정서 표현을 통해 감정을 표현할 때 이야기 형식으로 자신의 감정 경험을 명확하게 전달하는 것이다.

내용 중심의 정서 표현은 자신의 감정을 솔직하고 명확하게 전달하는 방법이다. 다른 사람에게 상황을 정확하게 이해시키고, 상대에게 나의 입장을 수용하기 쉽도록 도와주는 효과가 있다. 말을 하는 이유는 상대방을 비난하거나 공격하기 위해서가 아니라, 상대방이 나의 경험을 이해하고 공감할 수 있도록 전달하는 것이다. 과정 중심의 정서 표현은 감정을 느끼는 여정을 조심스럽게 나누는 방법이다. 우리가 경험하는 감정의 출발점과 그 배경을 꼼꼼하게 설명함으로써, 다른 사람 역시 그것을 함께 이해하고 함께 느낄 수 있게 돕는다.

민준 씨와 김 대리는 같은 팀에서 일하는 동료다. 최근에 회사에서 중요한 프로젝트를 맡아 함께 작업하고 있다. 민준 씨는 프로젝트의 성공을 위해 팀원 모두가 긴밀하게 협력하는 것을 중시하는 편이다. 하지만 지난주에 김 대리가 회의 중에 민준 씨의 제안을 공개적으로 비판하며 더 나은 대안을 제시하지 않았다. 이로 인해 민준 씨는 자신의 아이디어가 공개적으로 평가 절하되었다고 느껴 기분이 나쁘고 화가 난 상태이다. 민준 씨는 이 문제를 해결해 앞으로 김 대리와 원활한 관계를 유지하고 싶다. 그래서 김 대리에게 자신의 감정을 솔직하게 전달하려고 한다.

내용 중심 정서 표현

"김 대리님, 잠깐 시간 괜찮으신가요? 지난번 회의에서 제 제안을 공개적으로 비판하신 것에 대해 이야기하고 싶어요. 솔직히 말씀드리면 그 상황에서 제 제안이 충분히 고려되지 않았다고 느껴져서 꽤 서운하고 화가 났어요. 제가 이런 말씀을 드리는 건 대리님을 비난하려는 게 아니에요. 오히려 앞으로도 좋은 관계를 유지하고 싶기 때문입니다. 이런 제 감정을 이해해 주셨으면 하고, 앞으로는 좀 더 협력적인 방식으로 의견을 나눌 수 있으면 좋겠습니다."

과정 중심의 정서 표현

"대리님과 저는 그동안 정말 좋은 관계를 유지해 왔어요. 우리가 이렇게 원활하게 협력하며 일해 왔기 때문에 지난번 회의에서 제 제안에 대해 갑작스럽게 비판하신 대리님의 말씀이 저를 깊게 상처받게 했어요. 이런 감정을 그냥 넘어가고 싶지 않습니다. 그렇게 하면 오해가 쌓일 테고, 우리 관계에도 좋지 않은 영향을 미칠 수 있으니까요. 그래서 저는 당시 느꼈던 서운함과 화가 난 마음을 대리님께 솔직하게 전달하고자 합니다. 제 목적은 대리님을 공격하거나 비난하려는 것이 아니라, 우리 사이의 이해와 신뢰를 강화하기 위해서예요. 서로의 입장을 이해하면 앞으로 더 건설적인 방식으로 의견을 교환할 수 있을 것이라 믿습니다."

지원 씨는 최근 몇 주 동안 집안일과 자녀 양육에 대

한 부담을 느끼고 있다. 그녀의 배우자인 현수 씨는 직장 일이 바쁘다는 이유로 지원 씨에게 가사와 육아의 대부분을 맡기고 있다. 지원 씨는 이 상황에 대해 남편과 솔직한 대화를 하고 싶어 한다.

내용 중심의 정서 표현

"여보, 요즘 나는 집안일과 아이들을 돌보는 일로 정말 지쳐가고 있어. 나는 우리 가족 모두가 행복하길 바라고 당신과도 좋은 관계를 유지하고 싶어. 그런 의미에서 당신이 가사와 육아에 조금 더 함께하면 좋겠어. 이건 당신이 일을 잘하지 않는다고 비난하려는 게 아니야. 나는 단지 내가 느끼는 부담을 줄이고 싶고, 우리가 함께 더 잘 협력할 수 있기를 희망하는 거야. 내가 이렇게 말하는 이유는 우리 모두가 더 잘 지내기 위한 방법을 찾고 싶어서야."

과정 중심의 정서 표현

"여보, 우리가 결혼해서 지금까지 함께 해온 시간 동안 서로를 많이 의지하며 살아왔어. 당신이 직장에서 바쁜 건 알지만, 최근 몇 주 동안 집안일과 아이들 양육 때문에 내가 점점 지쳐가고 있다는 걸 알려주고 싶어. 나는 우리 가족이 행복하길 진심으로 바라고 당신과도 항상 좋은 관계를 유지하고 싶어. 하지만 내가 이 모든 일을 혼자 감당하기에는 너무 벅차. 이런 내 마음을 너와 공유하고 싶어서 이야기를 꺼내는 거야. 나는 당신과 함께 더 효과적으로 일을 나누어 할 수 있는 방법을 찾고 싶어. 당신이 좀 더 집안일과 아이들에 관심을 가져 준다면, 나도 더 많은 에너지를 우리 관계에 투자할 수 있을 거 같아. 우리가 어떻게 하면 이 상황을 함께 개선할 수 있을지 함께 생각해 봤으면 해."

일반적으로 우리는 이렇게 자기 감정의 내용을 상대방에게 솔직하게 드러내면서 살지 못한다. 학습적으로 배운 적도 없고, 경험적으로도 예시처럼 말하는 것을 목격한 바가 없다. 내용 중심과 과정 중심의 감정 표현이 익숙하게 되기까지는 여러 번의 간지럽고 부끄러운 순간을 감당해야 할지도 모르겠다. 그러나 우리는 이 어색함을 마주하고, 새로운 전략으로 익히고 연습함으로써 자기 자신에게 솔직하고 상대방을 존중하는 인간관계를 경험할 수 있으리라 확신한다.

우리가 흔히 사용하는 감정 중심의 대화는 '나, 너에게 화났다'라는 결과 중심 표현이다. 결과 중심의 표현은 상대방의 민감한 자존심을 건드리게 되고 결국 갈등을 부추기게 된다. 그래서 결국 감정을 섣불리 표현하려다가 안 하느니만 못한 경험으로 남게 된다. 이러한 부정적인 결과를 몇 번 반복하다 보면 '다시는 내가 표현하나 봐라'라는 다짐을 하게 되고 되도록 감정을 숨기고 가면을 쓴 채 살게 된다. 적절한 방법을 사용하지 않은 대가임에도 불구하고 '내 감정을 표현하는 것은 위험해'라는 왜곡된 사고를 형성하게 된다.

자신의 감정이 생겨나게 된 과정을 이야기하고, 어떤 일 때문에 감정이 생겼는지에 대해 이야기하는 과정은 그 자체로 감정 정화 효과가 있다. 언뜻 보면 추상적인 것 같지만 이 추상적인 감정을 수면 위로 끌어올려 '상대방과 나'사이에 놓고 함께 바라보는 것이다. "나는 이렇게 생각이 들었고 이런 감정을 느꼈는데, 내 이야기 듣고 나서 당신은 어떻게 느꼈는지 궁금해요."라는 과정 이야기를 통해 자칫하면 갈등 상황으로 끝날 뻔했던 관계는 계속 연결될 수 있다. 이야기하는 과정에서 고조되었던 '화'의 감정이 누그러질 수도 있다.

이야기, 즉 표현은 그 자체로도 감정의 응어리를 빼는 역할을 한다. 그런데 한 가지 주의점이 있다. 내 쪽에서 상대방에게 내용 중심, 과정 중심의 이야기를 풀어놓았을 때 상대방의 반응이 어떨지에 대한 부분이다. 이 과정의 끝이 무조건 해피앤딩으로 끝나는 것을 목표로 삼아서는 안 된다. 듣는 상대방은 나와는 전혀 다른 인격체임을 잊지 말자. 그 사람이 내가 하려는 말을 듣고 공감할지, 상황을 이해할지에 대한 부분은 한계 짓지 말아야 한다. 어디까지나 상대는 자기 고유의 감정

처리 속도가 있다. 물론 상황을 이해하는 능력치도 다양하고 말이다. 상대방이 이런 상황을 받아들일지 말지, 그 선택은 그 사람의 몫이다.

3

마음의
다리,
서로를
잇다

고뇌의 무늬
양가감정

저항이론

'오도 가도 못하다'라는 말이 있다. 이러지도 저러지도 못하는 상태, 옴짝달싹 못하는 상태, 자리를 옮길 수도, 움직일 수도 없는 상태 등을 일컫는 말이다. 사람은 근심이 많으면 이러한 상태가 된다. 꼼짝하지 못하고 어정쩡한 모습이 된다. 능력이 출중하고 제아무리 똑똑한 사람일지라도 마찬가지다. 고민이 많은 사람은 어디로 가야 할지 방향감을 잃을 때가 있다. 고민하면 할수록 더 미궁 속이다. 이 길로 가야 할지, 저 길로 가야 할지 도대체 판단이 서질 않는다. 이 길을 선택하자니 저 길이 걸리고, 저 길을 선택하자니 이 길이 걸린다. 양쪽다 좋은 부분이 있고 부족한 부분이 있으니 포기는 더힘들다. 양가감정은 걱정의 핵심이다. 양가감정은 서로다른 기분을 동시에 느끼는 심리상태다.

이혼(이별)을 해야 하나, 말아야 하나.

퇴사를 해야 하나, 말아야 하나.

휴학을 해야 하나, 말아야 하나.

아이를 한 명 더 낳아야 하나, 말아야 하나.

취업을 해야 하나, 진학을 해야 하나.

폐업을 해야 하나, 계속 운영을 해야 하나.

배팅을 한 번 더 해야 하나, 앞으로는 하지 말아야 하나.

상반된 감정이나 욕구 사이에서 끊임없이 갈등하는, 이 양가적인 갈등은 인생을 복잡하게 만든다. 이 갈등은 단순한 추상적인 개념이 아니라, 일상 속에서 깊은 고민과 사색을 불러일으키는 주요 요인이다. 많은 사람이 내면의 양면적 갈등으로 인해 행동과 결정에 주저함을 경험한다. 하지만 이를 명확히 인식하면, 오히려 더 확고한 결단과 강력한 행동이 가능해진다.

저항이론Reactance Theory은 우리가 어떻게 자유를 추구하고, 그 자유가 제한될 때 어떻게 반응하는지를 설명해주는 심리학 용어이다. 이 이론은 1966년 잭 브렘Jack B. Brehm에 의해 처음 소개되었으며, 사람들이 자신의 선택과 결정에 대한 통제권을 갖고 싶어 한다는 인간의 욕구를 말하고 있다. 우리는 일상 속 무엇이든 스스로 결정하고 싶어 한다. 그러나 외부의 제약이나 규제가 선택의 자유를 제한할 때도 많다. 저항이론에 따르면 우리는 제한적인 상황과 마주했을 때 반항적으로 반응한다고 알려져 있다. 이 반응은 금지된 행동을 더 하고 싶어 하거나, 제한된 선택지 중 하나를 더 선호하게 되는 형태로 드러난다.

예를 들어, 어린 시절에 부모님이 "이 과자는 먹으면 안 돼."라고 말씀하셨을 때, 그 과자가 더 맛있어 보이고 더 먹고 싶어졌던 경험, 바로 이것이 저항이론이 설명하는 현상이다. 사람들은 선택권을 빼앗기면 그것을 되찾고 싶다는 강한 욕구를 느낀다.

저항이론에 따르면, 변화에 대한 저항은 자연스러운 반응이다. 변화가 가져올 불확실성이나 은밀한 손실을 두려워하여 사람들은 저항한다. 아무리 올바른 조언을 해도, 그로 인해 오히려 반발이 일어나 상황이 악화될 수 있다. 양가감정 상황에서 이러한 저항은 더욱 선명해진다. 사람들은 변화를 원하면서도 변화 때문에 생길 수 있는 손실이나 불편감을 달가워하지 않기 때문이다. 인간의 본성, 특히 양가성을 깊이 이해하고 다룰 수 있다면, 원하는 결과를 얻는 데 큰 도움이 된다. 자기 내면과 상충하는 감정을 어떻게 조절하고 관리하는가가 핵심이다.

말의 힘은 대립과 갈등을 조화롭게 통합하는 데 크게 기여할 수 있다. 그러나 잘못 사용되면 오히려 그 갈등을 증폭시키기도 한다. 양가감정을 효과적으로 다루기 위해 동기부여 면담법을 사용해 보자. 이 방법은 양가적 갈등을 해결하고, 의욕을 불러일으키며 동기를 부여하는 데 중점을 둔다.

동기부여 면담법은 사람들이 내면의 '정체성 장벽'을 허물고, 짧은 시간 안에 긍정적인 변화를 경험하도록 돕는다. 이 접근법의 진가는 즉각적으로 성격을 변화시키거나 문제들을 순식간에 해소하는 데 있지 않다. 그보다는, 개인에게 변화의 불씨를 일으킬 수 있는 동기를 부여하는 것에 그 의미가 깊다. 결정의 기로에 서서 주저하는 이들이나 일에 대해 의욕을 잃어버린 사람들에게 이 방식은 새로운 전환점을 마련해 줄 수 있다.

술을 멀리해야 한다는 것을 알지만 단주하지 못한다. 친구에게 손을 내밀어야 하지만 주저한다. 열심히 노력해야 좋은 결과를 얻을 수 있다는 것을 알지만 의욕이 꺼져있다. 이러한 갈등의 순간들은 대부분 '~하고 싶지만 못 하겠다'에 갇혀있는 상태. 변화의 필요성을 모르는 게 아니라, 그 변화를 실천으로 옮기지 못하는 딜레마에 봉착한 것이다.

대학에서 교수로 일하며 강의를 하는 김 교수가 있다. 그는 더 효과적인 강의 방식을 계획하고 있다. 그러나 김 교수는 이 변화를 주저한다. 왜냐하면 이전의 강의 방식이 편안하고 익숙하기 때문이다. 또한, 새로운 방식으로 전환하면 학생들의 반응이 부정적으로 변할 수도 있고, 실패할 가능성도 있어 보인다. 이는 '변화하고 싶지만 실패가 두려워서 못하겠다'라는 전형적인 양가감정이다.

김 교수에게 동기부여 상담기법을 적용할 수 있다. 면담을 통해 김 교수의 내부적인 갈등을 드러내고, 변화에 대한 두려움과 함께 그 변화가 가져올 긍정적인 가능성에 대해 함께 이야기한다. 상담자는 김 교수에게 그의 역량과 이전에 극복했던 어려움들을 상기시키면서 자신감을 불어넣어준다. 마무리로 실패에 대한 두려움을 관리할 수 있는 전략을 함께 모색할 수 있다.

양가감정을 가지고 있다는 건 달라져야 하고 바뀌어야 한다는 마음을 품고 있다는 의미다. 그러나 변하고 싶은 마음과 변화에 저항하는 마음이 서로 뒤엉켜 움직일 수 없을 것이다. 겉으론 달라지기 싫다고 해도, 마음 깊은 곳에는 변화에 대한 갈망이 자리하고 있다. 다만 인정하기 싫을 뿐이다. 이런 상황이 지속되면 결국 능력과 시간만 허비하게 된다. 어느 쪽으로도 가지 못하고 주저하는 사이 소중한 인생은 덧없이 흘러가고 만다.

예를 들어보자. 폭식을 멈춰야 한다는 걸 알면서도 계속 폭식하는 여성이 있다. 이 여성은 자신의 건강을 위해서라도 폭식을 그만둬야 한다는 마음과 동시에 폭식이 주는 쾌락을 맛보기를 원하는 마음도 있다. 이 여성이 변하기 위해서는 양가감정에서 하루빨리 벗어나야 한다. 양가감정의 늪에서 벗어나려면, 먼저 그 감정의 본질을 이해하는 것이 중요하다.

　너무 성급하게 움직이면 또다시 좌절하고 실패를 반복할 수 있다. 양가감정을 다루려면 신중함이 필요하다. 두 가지 상반된 감정을 동시에 느끼는 것은 우리를 혼란스럽게 만들 수 있기 때문에, 천천히 그리고 신중하게 접근하는 것이 변화의 중요한 열쇠가 된다. 이런 감정들은 사람을 양쪽에서 끌어당기므로 한쪽을 약화시키려고 하면 그 반대의 감정이 더욱 격렬하게 반발할 수 있다. 따라서 한 쪽에만 지나치게 힘을 주는 것은 조심해야 한다. 이러한 예기치 않은 역효과는 양가감정의 주요 특성 중 하나다.

결정의 이중주
양가감정

온화한 직면

어떤 일을 그만두고 싶어도 그럴 수 없는 사람이 있다. 이런 사람에게 그만둬야 한다고 억지로 설득하거나 우격다짐으로 말린다 한들 그 변화는 크지 않다. 심지어 그 행위에 더욱 빠져들거나 남몰래 숨어 은밀히 그 행동을 하기도 한다. 의욕이 없는 사람에게도 마찬가지다. 기운 내라는 말은 의욕의 저하와 반발심을 불러일으킬 때가 많다.

심리학에 '온화한 직면'이라는 용어가 있다. 상담받는 사람이 자기 생각이나 행동, 감정을 편안한 공간에서 자유롭게 탐색하도록 돕는 것이다. 상담자는 그 사람의 마음 깊은 곳에 있는 경험을 섬세하게 다루면서, 내담자가 마주하기 힘든 이야기나 진실에 대해 이해하고 받아들일 수 있도록 따뜻한 격려를 제공해야 한다. 담배를 끊기로 마음먹은 경우, '절대 피지 말아야지'하는 감정과 '어쩔 수 없다. 될 대로 돼라. 피우다가 죽지 뭐'라는 식의 감정이 쌍벽을 이룬다. 중독을 이겨내기 위해서는 물론 '그만해야지'라는 결단력이 '어쩔 수 없지'라는 저항력보다 더 우세해야 한다. 그러나 '그만해야지'라는 감정만 인정하고, 이와 반대되는 다른 감정 즉 '어쩔 수 없지'라는 감정을 무시하게 되면 얼마 못 가서 다시 담배를 피우게 되는 역설적 반응이 생긴다. 이럴 때 적용 가능한 온화한 직면 5단계를 해보자.

1단계: 감정 품기

'절대 피지 말아야지'라는 결단력과 '어쩔 수 없다'라는 저항 감정을 함께 인정한다.

첫 번째 단계에서는 자신이 느끼는 모든 감정을 온전히 품어주는 것이 중요하다. 우리가 느끼는 감정은 모두 나름의 이유가 있으며, 그 감정이 우리를 보호하거나 안내하려는 신호일 수 있다. 예를 들어, '절대 피지 말아야지'라는 결단력은 우리를 건강한 방향으로 이끌려는 강한 의지의 표현이다. 반면 '어쩔 수 없다'라는 저항 감정은 마음 깊은 곳에서 오랜 시간 동안 자리 잡은 습관과 편안함을 놓지 않으려는 자연스러운 반응일 수 있다.

이 단계에서는 두 가지 상반된 감정 모두를 받아들이고, 그 감정들이 내 안에 머무를 자리를 마련해 주는 것이 중요하다. 각각의 감정에 이름을 붙여주고, 마치 오래된 친구를 맞이하듯이 그 감정을 환영해 주면 좋다. 이 과정을 통해 우리는 감정을 억누르거나 피하려는 대신, 있는 그대로 받아들일 수 있게 된다. 그렇게 함으로써, 우리는 변화의 여정을 시작할 준비가 된다.

2단계: 공감하기

자신(상대방)이 느끼는 양가감정에 대한
이해와 공감이 필요하다.

두 번째 단계는 자신의 감정뿐만 아니라 그 감정들이 왜 그렇게 느껴지는지에 대해 진심으로 공감하는 단계이다. 때로는 감정이 모순되거나 혼란스러울 수 있지만, 그런 감정들조차 경험과 삶의 일부이다. 양가감정을 느끼는 것은 결코 이상한 일이 아니다. 실제로, 많은 사람들이 변화의 과정에서 이러한 감정을 경험하게 된다.

이 단계에서 중요한 것은 자신에게 부드럽고 따뜻한 마음으로 다가가는 것이다. "나는 이런 감정을 느끼는구나. 이런 감정도 나에게는 중요한 의미가 있겠지."라고 스스로에게 말한다. 다른 사람의 감정을 이해하려고 할 때처럼, 자신에게도 같은 이해와 공감을 적용하는 것이다. 우리가 자신을 있는 그대로 이해하고 받아들일 때, 변화의 과정은 훨씬 덜 고통스럽고 더 자연스럽게 이루어질 수 있다.

3단계: 마음의 파도타기

자신의 양가감정이 왜 존재하는지

그 뿌리를 알아본다.

세 번째 단계는 이제 감정의 뿌리를 탐색하는 과정이다. 양가감정이 어디에서 비롯된 것인지 살핀다. 예를 들어, 담배를 끊으려는 결단력과 동시에 피우고 싶은 유혹 사이에서 갈등하는 이유는 무엇일까? 이는 단순히 나쁜 습관 때문만이 아닐 수 있다. 어쩌면 우리는 담배를 통해 스트레스를 해소하거나, 잠시나마 편안함을 느끼려고 했을지도 모른다.

이 단계에서는 감정의 깊은 곳으로 여행을 떠나보자. 감정 안에는 다양한 경험과 기억들이 자리하고 있다. 감정의 뿌리를 찾아가는 과정에서, 우리는 스스로에 대해 더 깊이 이해하게 되고, 그 과정에서 자신의 결정을 지지하거나 도전하는 감정들이 왜 생기는지를 알게 된다. 이러한 이해는 내면에 더 큰 힘을 제공한다.

4단계: 격려하기

스스로를 긍정적으로 바라볼 수 있도록

돕는 것이 중요하다.

네 번째 단계에서는 변화 과정에서 겪은 작은 성공

들을 인정하고, 그 성과를 스스로 축하하는 것이 중요하다. 담배를 끊기 위한 노력에서 하루를 무사히 넘긴 것, 혹은 담배 대신 건강한 대안을 선택한 순간들을 기억해 보자. 작은 성공들이 모여 큰 변화를 이끌어낼 것이다.

"나는 해낼 수 있어. 이미 이만큼이나 왔으니까."라며 자신을 응원하자. 작은 변화도 소중히 여기고, 그 변화를 이루어낸 자신의 결단력과 의지를 높이 평가한다. 이러한 긍정적인 자아상을 강화하면, 더 큰 도전에도 흔들리지 않고 나아갈 수 있는 내면의 힘을 얻게 된다. 이 과정에서 담배를 피우고 싶은 충동을 다룰 수 있는 새로운 방법을 찾아볼 수 있다. 예를 들어, 운동이나 취미 생활 같은 건강하고 기분을 좋게 하는 활동을 통해, 긍정적인 에너지를 채울 수 있다.

5단계: 되감기

새로운 습관들이 잘 자리 잡도록 지속적으로
지지하고, 정기적으로 변화 과정을
돌아본다.

마지막 다섯 번째 단계는 우리가 이뤄낸 변화를 지속적으로 유지하고 필요한 경우, 조정해 나가는 과정이다. 새로운 습관은 시간이 지나면서 점차 자리를 잡아간다. 그러나 때로는 원래의 습관으로 돌아가고 싶은 유혹이 생길 수도 있다. 이럴 때는, 지금까지의 변화를 되돌아보며, 스스로를 다시 격려하는 시간이 필요하다.

정기적으로 자신이 이룬 변화를 돌아보고, 어떤 점이 잘되었고 어떤 점이 더 개선될 수 있을지 생각해 보자. 스스로에게 이렇게 말한다. "지금까지 잘해왔어. 앞으로도 이 길을 계속 걸어갈 수 있어." 그리고 필요하다면, 조금 더 나은 방법을 찾아보거나 작은 조정을 통해 더 강한 변화를 만들어낼 수 있다. 우리는 모두 변화의 여정을 걸어가는 중이다. 이 과정에서 중요한 것은 우리가 스스로를 지지하고 격려하는 것이다. 그렇게 할때, 변화는 더 깊고 오래 지속될 것이다.

비만인 사람이 '살을 빼야 하기는 해야 하는데…' 하며 주저하고 있는데 '살 안 빼고 뭐 하느냐'며 타박하여 강제적으로 시작하게 된 다이어트는 얼마 못 가서 실패할 확률이 높다. 새롭게 목표를 세워 시도하려 했다가도 번번이 실패하는 이유는 양가감정에 사로잡혀 움직일 수 없는 상태라는 것을 파악하지 못해서다. 이 상황에 있는 사람에게 '해라', '하지 마라' 등의 조언은 전혀 도움이 되지 않는다. 이번에는 다이어트에 적용 가능한 온화한 직면 5단계를 해보자.

1단계: 감정 품기

'살을 빼야 한다'는 필요성과 '힘들어서
시작하기 싫다'는 저항감을 동시에 인정하기

첫 번째 단계에서는 자신의 마음속에서 일어나는 두 가지 상반된 감정을 온전히 받아들이는 것이 중요하다. '살을 빼야 한다'는 필요성은 자신의 건강이나 외모, 혹은 다른 이유로부터 비롯된 중요한 감정일 것이다. 하지만 동시에, '힘들어서 시작하기 싫다'는 저항감도 그만큼 중요한 감정이다. 그 저항감은 이미 많은 실패 경험이나 어려움에서 기인할 수 있다.

이 단계에서 중요한 것은 이 두 감정 모두가 자연스럽고 정당하다는 것을 인정하는 것이다. 두 감정을 억누르거나 무시하려 하지 말고, 그저 있는 그대로 느껴보면 좋다. "내가 이렇게 느끼는 것도 당연하구나!"다고 스스로에게 말해보자. 감정의 균형을 잡고, 자신을 이해하는 첫걸음이다.

2단계: 공감하기

양가감정에 대해 깊은 공감 표현하기

두 번째 단계는 자신의 감정에 대해 진심으로 공감하는 것이다. 살을 빼야 한다는 압박감과 동시에 느껴지

마음의 다리, 서로를 잇다

148

는 부담감은 누구나 느낄 수 있는 복잡한 감정이다. '이렇게 힘든데도 나는 살을 빼야 한다고 느끼고 있구나'라는 생각을 하면서, 그 감정을 충분히 인정해 보자. 또한, 이러한 감정이 자연스럽다는 것을 스스로에게 알려주는 것도 중요하다.

'다이어트는 누구에게나 어려운 일이야. 내가 이렇게 갈등하는 건 당연한 거야'라고 스스로를 다독여 주자. 이 과정에서 자신을 탓하거나 비난하지 말고, 그저 그 감정을 따뜻하게 받아들이고 이해하려고 노력한다. 공감을 통해 스스로에게 친절해질 수 있고, 그 친절함이 변화의 시작점이 된다.

3단계: 마음의 파도 타기
양가감정의 본질을 이해하기

세 번째 단계는 이 양가감정이 왜 생겼는지 그 뿌리를 탐색한다. 왜 '살을 빼야 한다'는 압박감과 동시에 '시작하기 싫다'는 망설임을 느끼는 것일까? 이는 단순한 게으름이 아니라, 과거 경험·현재의 스트레스·미래에 대한 두려움과 깊이 연결되어 있을 수 있다.

이 단계에서는 감정의 뿌리를 찾아가는 것이 중요하다. '왜 다이어트를 시작하기 힘들어'하는지 스스로 자문하자. 혹시 이전에 다이어트를 시도했지만 실패한 경험이 있는지, 아니면 체중 감량 과정에서 자신감을 잃었던 적이 있는지 등을 돌아볼 필요가 있다. 마음의 파도를 타듯이, 깊은 내면을 탐색해 보자. 자신을 비난하지 않고, 그저 궁금해하는 마음이면 충분하다.

4단계: 격려하기
작은 변화를 시작할 수 있게 긍정적인 제안을
통해 격려하기

네 번째 단계에서는 큰 변화를 시도하기보다는 작은 것부터 시작해 보는 것이 중요하다. 다이어트를 생각하면 엄청난 부담감이 밀려올 수 있지만, 그 부담을 줄이기 위해 스스로에게 '작은 습관부터 시작해 보자'고 제안한다. 예를 들어, 하루에 10분 정도 가볍게 산책을 하거나, 평소보다 조금 더 건강한 음식을 선택하는 작은 변화를 시도할 수 있다.

'작은 변화도 내가 해낼 수 있어'라는 생각으로 자신을 격려해 보자. 이런 작은 성공들이 모여 큰 변화를 이끌어낼 수 있다. 즐겁게 다이어트할 수 있는 방법을 찾아보는 것도 좋은 방법이다. '운동이 재미없다면, 내가 좋아하는 활동을 찾아보자'라며 자신에게 즐거움을 줄 수 있는 것은 없는지 고민해 보자. 이러한 긍정적인 접근은 변화를 지속하는 데 큰 도움이 된다.

5단계 : 되감기

성과와 어려움을 되돌아보고 필요한 경우

접근 방법을 조정하기

마지막 단계에서는 그동안의 여정을 되돌아보는 시간이 필요하다. 다이어트를 시작한 후 얻은 성과나, 중간에 겪었던 어려움들을 차분히 살펴보자. '내가 어떤 점에서 성공했을까? 어떤 부분이 어려웠을까?'라는 질문을 스스로에게 던져보자. 이러한 과정은 우리가 앞으로 나아가는 데 있어 중요한 피드백을 제공한다.

필요하다면, 접근 방법을 조정할 수도 있다. 한 가지 방법이 효과가 없었다면 다른 방법을 시도해 보고, 성과가 있었던 부분을 더 강화하는 방법을 찾아볼 수 있다. 중요한 것은 이 과정에서 자신을 격려하고 응원하는 태도이다. '나는 이만큼 해냈어. 앞으로도 조금씩 나아갈 수 있어'라는 긍정적인 마음이다.

우리는 모두 변화의 여정을 걷고 있다. 이 과정에서 스스로를 지지하고 격려하는 것이 가장 큰 힘이 된다. 그렇게 할 때, 비로소 변화가 찾아온다.

고3 제가 시험 기간인데도 게임을 너무 많이

해서 엄마한테 혼나고 있어요.

상담사 몇 시간 하는데요? 음, 열다섯 시간

정도 해요? (과장해서 묻기)

고3 다섯 시간 정도 해요.

상담사 그래요? 그 정도도 안 하는 학생도

있어요? 다들 하지 않나요?

고3 그런데 저는 지금 고3이라서요. 제

생각에도 좀 줄여야 할 것 같기도 하고….

(변화 대화 유도)

상담사가 "지금 고3인데 게임을 다섯 시간이나 하면 되겠어요? 좀 줄여야 할 거 같은데요. 수능이 코앞인데 정신 차려야지요."라고 말한다면, 학생은 다음부턴 상담실에 오지 않을 것이다. 학생 스스로 '바꿔야겠다'는 마음의 변화를 일으킬 수 있게 도와야 한다.

양가감정을 효율적으로 다루기 위해서는 '중립성'을 유지해야 한다. 한쪽 편으로 치우쳐 밀어붙여서는 안 되며, 양가적 감정을 있는 그대로 받아들여야 한다. 결정은 당사자가 선택으로 두고 타인은 그 결정에 관여하지 않는다. 이는 '네 마음대로 해라' 같은 방치와는 다르다. 양가감정을 겪는 당사자가 존중받는 느낌을 가질 수 있도록, 공감적인 표현을 충분히 전달해야 한다. 또한 당사자는 양가감정을 명확히 말로 표현하는 것이 좋다. '나는 살을 빼고 싶다'와 '내가 원하는 만큼 살을 빼기는 힘들 거야'라는 두 가지 감정을 확실하게 말할 수만 있다면, 양가감정의 두께는 상당히 다를 것이다.

올바른 선택을 행동으로 옮기려면 한쪽 선택에 치우쳐서는 안 된다. 균형 있게 중립을 지키는 자세가 필요하다. 아무리 옳은 의견이라 하더라도 당사자가 느끼기에 설득당했다는 느낌이 들면 반발심은 서서히 고개를 든다. 절대적 중립을 지키면서 어느 쪽에도 가담하지 않아야 한다. 동기는 자기 스스로, 자발적으로 선택할 때 가장 강력하다.

퇴사를 고려 중인 사람에게 '직장을 그만두면 무엇을 할 수 있겠어? 요즘에 직장 찾기가 얼마나 어려운지 알아?'라고 말하는 것은 사실상 그들에게 퇴사하지 말라고 조언하는 것과 같다. 이런 상황에서 중요한 것은 퇴사를 고려하는 당사자가 자신이 겪고 있는 양가감정을 명확히 인식할 수 있도록 돕는 것이다. 상대방을 걱정한다는 이유로 비판하거나, 그들의 선택을 강요하거나 무시하는 행동은 좋지 않다. 상대방의 가치관과 신념을 존중하며, 각자의 상황과 기준에 따라 최선의 결정을 내릴 수 있게 도울 뿐이다. 당사자의 관점과 가치관에 부합하지 않는 변화라면 강요하지 않는 것이 중요하다. 그들의 선택과 결정을 이해하고 지지하는 태도를 보여주는 것만으로도 그들이 자신의 길을 찾는 데 도움이 된다.

강요의 이면,
동의의 전면

과소동일시·과잉동일시

인간은 때로 자신이 원하는 것을 얻고 싶을 때 본능적으로 힘을 사용하려는 충동을 느낀다. 이는 우리 모두에게 내재한 자연스러운 본능이다. 특히 상대가 자신보다 약하거나 저항하기 어려울 때 이 본능은 더 강해진다. 아이가 정해진 공간, 자동차 좌석이나 유모차에서 벗어나고자 꼼지락댈 때 아이를 안전하게 앉히려고 애쓰는 부모의 모습을 상상해 보자. 부모라면 한번쯤 겪었을 평범한 상황이다. 그런데 이때, 부모가 강압적으로 힘을 쓴다면 어떨까. 아이도 지치고 부모도 힘에 부치지만, 아이가 이길 수 없는 싸움이다. 아이보다 부모의 힘이 세기 때문이다. 그러나 아이를 그런 방식으로 키우다 보면 언젠가는 어쩔 수 없는 대가를 치러야만 한다. 부모의 힘에 강제적으로 제압당한 아이는 그 당시 힘이 없으므로 순응했겠지만, 언젠가 힘이 생기면 반드시 원망과 억울함을 들고 대적할 것이다. 힘없고

자그마할 때 무시했던 아이의 감정은 결국 먼 훗날 날 선 감정으로 드러난다.

물론 아이의 동의를 얻어낼 때까지 설득하고 타이르는 일은 쉽지 않다. 엄청난 인내심과 통제력이 필요한 일이다. 부모 입장에서는 일일이 자녀의 동의를 얻어가면서 자녀와 협의할 시간이 없다고 생각할 수도 있다. 그러나 이러한 강압적 태도는 아이가 어른이 되기 전까지만 통한다. 계속되는 주도권 싸움에서 탈피하고 싶다면 마음가짐을 바꿔야 한다.

학교폭력으로 인해 상담센터에 의뢰된 중학교 2학년 남학생 영훈 군이 있다. 그는 학교 수업 시간에 떠드는 몇 아이들 때문에 스트레스를 받았다. 결국 영훈은 그 아이들을 일일이 찾아가서 면전에 대고 이렇게 말했다. "앞으로도 또 수업 시간에 떠들면 네 팔을 부러뜨려주겠어!"

평소에도 친구들과 잦은 다툼이 있었던 영훈이었기에 두려움을 느낀 학생들이 교사에게 이 사실을 알렸다. 교사가 "그렇게 하는 것은 옳지 않아."라고 말하자 영훈은 "그렇지만 결국 다 조용해졌잖아요."라고 대꾸했다. 영훈 군의 부모님은 어려서부터 싸움이 잦았다고 한다. 폭언하는 아버지, 아이를 보호해 주지 않는 어머니로 인해 영훈은 '절대 다른 사람은 나를 도와줄 수 없으며, 나는 내가 지켜야 한다'고 다짐했다. 그렇게 자라

힘은 영훈이 원하는 것을 얻게 해주었다. 하지만 힘을 통한 두려움은 안전한 인간관계와는 거리가 멀다. 자신이 옳다고 믿는 것에 동의를 강요하고, 원하는 것을 얻어내는 방법으로 힘을 사용하는 것은 옳지 않다. 협박하고 지시하고 으름장을 놓고 괴롭혀서는 문제를 해결할 수 없다. 하지만 안타깝게도 우리 환경은 압박투성이다. 상대방에게 동의하지 않으면 혼나거나 비난받고, 더 강한 힘으로 인해 찌그러진다.

지금 당장 게임을 멈추지 않으면 컴퓨터를 부숴버릴 거야.

공부하지 않으면 앞으로 용돈 없을 줄 알아.

한 번만 이런 실수를 한다면 인사고과에 반영할 겁니다.

힘을 이용해서 문제를 해결하려고 한다면 다양한 문제가 생긴다. 이러한 방식은 신뢰나 협력 하고는 거리가 멀다. 힘의 기세로 눌린 대상은 협력하거나 연결되기보다는 '통제에서 벗어날 방법'을 찾게 된다. 힘을 가해서 다른 사람을 본인 마음대로 통제할 수 있다고 믿는 것은 환상에 불과하다. 힘주어 말하지 않는다고 해서 자기 의견을 표현되지 않거나 상대방의 의견에 동조하게 되는 것은 아니다. 당연한 말이지만 상대방과 친밀한 관계를 유지하기 위해 협박하거나 힘을 행사할 이유도 전혀 없다. 원망과 두려움이 가득 찬 순응이 아니

마음의 다리, 식도를 잇다

라 진정성 있는 동의를 얻고자 한다면 긴 시간을 버텨낼 끈기와 진실한 자세가 필요하다. 무언가가 바뀌기를 원한다면 '내 말이 옳으니 당연히 너는 내 말을 따라야 한다'라는 태도는 지양하자. '이 정도면 상대방이 알아들겠지'라는 기대도 접어두자. 비꼬지도 말고, 에둘러 돌려서 말하지도, 겁주지도 말자.

심리학 용어 중에 과소동일시Underidentification와 과잉동일시Overidentification가 있다. 자신이 속한 공동체나 다른 사람과의 관계에서 공통점과 유사성을 찾기 어려울 때 '과소동일시'라는 심리상태를 경험하게 된다. 예를 들면, 학교에 입학했거나 직장에 취직을 했는데 '왠지 여기는 나랑 안 맞아, 나는 이곳에 어울리지 않아'라고 느끼는 것이다. 반대로 우리가 너무나도 강하게 어떤 그룹이나 다른 사람을 자신과 동일시할 때는 '과잉동일시'를 경험하게 된다. 팬덤 문화가 그 예로서 적절하다. 좋아하는 유명인이나 캐릭터에 자신을 완전히 동화시켜서 실제와는 다른 비현실적 기대를 하다가 자신만의 독특한 개성을 잃어버리는 경우도 있다.

과소동일시 상태일 때는 외딴섬에 홀로 있는 것처럼 외로움을 느낄 수 있고 소속감을 느끼지 못해 배회할 수 있다. 반대로, 과잉동일시 상태에서 과도한 몰입은 오히려 실망을 더 크게 만들 수 있으므로 주의가 필요하다. 그렇다 하더라도 과잉동일시에 비해 과소동일시가 더 심각한 문제에 해당한다. 왜냐하면 과잉동일시는 타인과 자신이 많은 공통점이 있음을 인지하고 있으며, 이로 인해 서로를 동등하게 여기는 긍정적인 관점을 제공하기 때문이다. 이는 굴욕적이고 불쾌한 일이 아니라 오히려 서로의 가치를 인정하고 이해하는 기회가 되기도 한다.

우리가 진정으로 추구해야 할 것은 마음에서 우러나오는 진정한 동의이다. 인간관계에서는 서로 다름을 인정하고 동시에 공통점을 찾아가는 과정이 필요하다. 때로는 과소동일시로 인해 타인과 깊은 공감대를 형성하지 못할 수 있다. 반대로 과잉동일시는 타인의 독립성을 무시하며 자신의 기대를 강요할 위험이 있다. 이 두 상태 사이에서 균형을 찾아가면서, 서로를 어떻게 이해하고 받아들일지 숙고해 건강한 인간관계를 맺어 나아가자.

나를 지키며
너를 존중하다

진솔성

'단호하다'는 생각과 입장의 경계를 분명히 할 때 사용할 수 있는 말이다. 어감이 풍기는 이미지 때문에 강하고 거칠게 느낄 수도 있겠지만, 다른 사람을 해하거나 공격한다는 뜻은 없다. 단호함은 분명하고 결연한 태도이며, 단호한 표현은 자신의 경계를 지키는 방식이다. 우리는 살면서 '단호한 말'이 필요할 때도 있다. 하지만 상대방의 권리를 침범하지 않아야 한다. 많은 사람이 단호한 입장을 취하거나 솔직하게 자신의 의견을 드러내는 것에 부정적인 반응을 보인다. 이기적이라며 비판적인 시각으로 보는 경우가 많다.

그렇다면 정말 이기적이라서 단호하게, 솔직하게 이야기하는 걸까? 숨을 고르고 상대방의 표현에 관심을 기울이자. 그 사람의 표현에 공격성이나 이기심이 포함되었는지, 아니면 단지 자신의 의견을 있는 그대로 솔직하게 표현한 것인지 가늠할 수 있다. 이러한 분별력이 약하면 자칫 자신의 의견을 말하는 사람을 향해 잘못된 판단을 하기 쉽다.

박 대리는 회의 시간에 있었던 일 때문에 기분이 나빴다. 팀원들이 함께 아이디어를 내는 상황에서 유독 오 대리가 거슬렸다. 다른 사람들은 서로 배려하며 의견을 한두 가지씩 내는데, 유독 오 대리는 자신의 의견을 스스럼없이 말한다. 박 대리는 '저 사람은 뭐가 저리 잘났어?'라는 생각이 들면서 그 순간부터 오 대리가 싫어졌다. 대놓고 말할 수는 없어서 끙끙거리다가 회의가 끝나고 나서 옆에 앉은 동료에게 푸념하듯 말했다. "오 대리가 좀 나대는 것 같지 않아요?"

상담 시간에도 박 대리는 오 대리에 대한 불만을 토로하는 데 대부분을 할애했다. 박 대리는 서로 배려하고 눈치를 보며 자기의 주장을 세우는 것이 예의라고 생각했는데, 오 대리는 그러한 과정을 무시하고 자기 생각이 옳다는 듯 말한다고 느꼈다. 한참의 대화 끝에 박 대리는 자신이 오 대리에게 선입견을 품고 있었다는 사실을 깨달았다. 입사 때부터 오 대리는 박 대리보다 출신 학교도 더 나았고 스펙도 뛰어났다. 박 대리는 그런 오 대리가 당당해 보였고, 그에 비해 자신은 별 볼 일 없어 보인다고 생각했다.

사실 오 대리가 회의 때 보여준 행동은 박 대리와는 전혀 관계가 없었다. 단지 자신의 의견을 솔직하게 말했을 뿐이다. 오 대리는 자신의 의견이 받아들여지든, 적절하지 않다는 피드백을 받은 흔쾌히 수긍했다. 오 대리는 자기 아이디어가 팀 프로젝트에 도움이 되도록 노력했을 뿐이다. 박 대리는 상담 중에 오 대리를 향한 열등감을 깨닫고, 오 대리가 충분히 당당할 만하고 유능하며 아이디어맨이라는 것을 인정했다. 박 대리가 생각했던 것처럼 오 대리의 태도가 예의에 어긋나거나 잘난 척하는 것이 아니었음을 인정한 후, 자신을 돌아보고 오 대리에 대한 객관적인 입장을 찾게 된다.

우리는 종종 솔직함과 공격성을 혼동한다. 그래서 많은 이들이 솔직한 마음을 드러낼 때 주저하는지도 모르겠다. 나 또한 자신감이 떨어질 때마다 자문한다. '나의 표현은 공격인가 솔직함인가?' 이 물음에 생각을 정리하면, 좀 더 용기가 생긴다. 그렇게 다시 생긴 용기로 내 의견을 더 진솔하게 전달하려 노력한다.

단호함이란 심리학자 로저스가 말한 '진솔성'과 유사하다. 로저스가 말한 진솔성, 또는 진정성은 자신의 감정과 생각에 대한 깊은 인식에서 시작된다. 이는 자기 내면을 이해하고, 그것이 어떻게 자기 행동과 상호작용에 영향을 미치는지 인식하는 능력을 말한다. 즉, 자신이 느끼고 생각하는 것을 정직하고 진실하게 표현할 때 그는 진솔한 상태에 있다고 볼 수 있다. 로저스는 사람들이 자신의 진정한 자아를 표현하고, 가면을 쓰지 않으며, 스스로를 솔직하게 받아들일 때 진솔함을 달성한다고 봤다. 이는 상대방의 의견과 감정을 존중하고, 비판적이거나 방어적이지 않은 태도로 소통하는 것을 의미한다.

단호하고 진솔한 태도의 의미를 제대로 이해해 보자. 단호함은 나 자신과 타인에 대한 존중에서 비롯된다. 단호하게 말하는 행위의 본질 속에 공격하려는 의도가 없다는 것을 알게 되면 오해나 갈등이 생기지 않는다. 단호함은 따지거나 이기적이거나 고집스러운 태도가 아니다. 오히려 내 권리를 튼튼하게 지켜내는 방법이다.

자신의 행동에 대해 매번 설명할 필요는 없다.

나는 언제든지 생각을 바꿔도 된다.

다른 사람의 요구에 압도당하지 않고 거부할 수 있다.

누구나 때로는 불합리한 결정을 선택할 수 있다.

《나는 단호해지기로 결심했다》의 저자 롤프 젤린Rolf Sellin은 "상대에게 맞추기만 하려 하면, 우리는 스스로를 투명인간처럼 느끼게 된다."라고 말했다. 누군가에게 'No!'라고 말할 때 느끼는 죄책감은 자신의 의견을 표현하는 것에 대한 내적 갈등에서 비롯된다. 그래서 잘못한 것도 없이 단지 의견을 표현할 뿐인데 종종 뭔가 못 할 짓을 하는 기분을 느낀다. 거절하면 나쁜 사람이 된 것처럼 눈치를 보게 된다. 이런 기분을 자주 느낀다면, 의견을 표현할 때 기대를 내려놓는 것도 좋은 방법이다. 내 의견과 표현에 상대방이 반드시 동의할 것이라는 기대는 현실적이지 않다. 상대방은 내 의견에 동의할 수도 있고, 반대 의사를 표현할 수도 있다. 서로의 자율성을 인정하는 것이 필요하다.

　상대방을 존중하고 의견에 귀를 기울이는 것으로 충분하다. 상대가 내게 동조하지 않는다고 해서 충격받을 필요는 없다. 상대가 내게 의견을 굽히지 않더라도, 나의 의견을 분명하게 다시 말하면 그뿐이다. 상대를 비난하고 공격적인 태도를 보이면 대화의 본질은 사라지고, 불쾌한 태도에 초점이 맞춰지며 말다툼으로 이어질 수 있다. 그러니 의견을 내놓을 때는 평정심을 유지하고 처음과 같은 태도로 솔직하고 단호하게 말하는 것이 중요하다. 자기 생각과 감정은 스스로 감당할 부분이다. 우리는 모두 자신의 원하는 것을 표현하고 드러낼 수 있는 자유가 있다. 상대방이 내 의견에 동의하지 않더라도 '틀렸다'라고 판단해서는 안 되며, 반대로 '내가 틀렸다'고 자책해서도 안 된다. 다시 말하지만 우리는 모두 자신의 의견을 솔직하게 드러낼 수 있고, 상대방은 그 의견에 동의할 수도, 반대할 수도 있다는 점을 명심해야 한다.

마음을
춤추게 하는
공감

상호주관성

당신은 나를 이해하지 못하는 거 같아.

대부분의 사람들은 다른 사람과 연결되고 접촉하기를
원한다. 관계 안에서 이러한 연결감을 느끼지 못하면 좌
절하고 마음의 빗장을 지르기도 한다. 꽁꽁 닫힌 문의
두께만큼 상처받은 마음의 크기는 커진다. 다른 사람과
연결되었다는 느낌은 논리적으로 설명되지 않는다. 이
성적으로 안다는 것과도 사뭇 다르다. 말을 건넬 때의
느낌과 그 느낌을 서로 나눈다는 의미가 포함되기 때문
이다. 아프리카에 이런 속담이 있다. '어떤 사람을 평가
하기 전에 그 사람의 신발을 신고 세 달만 걸어 보아라.'
누군가를 깊이 이해하고 공감하는 일은 불편함을 감내
하는 인내와 끈기가 필요하다는 뜻이다.

공감이란 우리가 서로의 마음을 이해하고 그 안에

서 소통의 아름다움을 포옹하는 과정이다. 서로의 마음 속 이야기를 듣고, 그 이야기가 어디서부터 왔는지, 어째서 그런 감정을 느끼게 되었는지 탐험하는 여행이다. 이 과정에서 상호주관성은 중요한 역할을 한다. 상호주관성이란 단순히 다른 사람의 감정에 공감하는 것에 그치지 않는다. 그 사람의 시각과 감정을 우리 자신의 경험과 연결해 보는 것을 말한다. 상호주관성을 통해 각자가 가진 독특한 경험을 인정하게 된다. 우리는 서로의 삶에 다른 길로 걸어 들어가고, 다른 길로 걸어 나간다. 그렇게 서로 다른 이야기를 짓는다.

공감은 '두 사람'이 함께 머무는 공간, 즉 두 사람의 의식이 만나 서로를 이해하는 여백이다. 공감은 단순히 말을 주고받는 것을 넘어 상호 간의 깊은 접촉과 활발한 교류가 이루어지는 관계의 핵심이다. 이 과정에서 중요한 것은 상대방이 왜 그런 말을 했는지, 그 말이 왜 중요한지, 그리고 그들이 대화를 통해 무엇을 원하는지를 깊이 이해하려는 노력이다. 이것은 상대방의 말뿐만 아니라 그들의 감정과 의도와 더불어 매우 개인적인 반응에 깊이 관련되어 있다. 이는 서로의 내면을 들여다보며 각자의 감정과 생각을 공유하는 과정이기도 하다. 공감이 춤을 출 때 서로의 마음도 리듬에 맞춰 춤을 춘다. 상대방을 향한 공감은 한 사람이 일방적으로 끌고 가지 않는다. 설사 이끌어 간다고 하더라도 억지스럽지 않다. 공감을 통해 우리는 서로의 현을 맞춘다. 서로의 현이 부딪혀 아름다운 소리를 우려낼 때 진정으로 바로 설 수 있다.

이 사람은 나에게 집중하고 있으며 내가 말하고, 행동하고, 느끼는 것에 대해 '기꺼이 그렇다'는 확신이 들 때가 있다. 내가 그렇게 말하는 이유, 내가 그렇게 행동하는 이유를 인정하고 타당하게 만들어준다는 의미와도 같다. 말할 때도, 침묵할 때도 상대방에게 집중해야 한다. 그렇게 무엇이든 함께할 수 있을 때 서로에게 온전한 존재가 될 수 있다. 이러한 참 존재의 경험은 자신이 원하는 것이 무엇이고 어떠한 지원을 받고 싶은지, 어떤 반응을 원하는지 깨달을 수 있게 한다. 이러한 욕구가 충족될 때 비로소 존중받고 있음을 알아차리게 된다.

우재는 몇몇 사람들과 친구 인수와 함께 대화를 나누고 있다. 그 자리에서 인수가 우재에 대해 무심코 던진 한마디가 우재에게 깊은 상처를 남겼다. 이후, 우재는 그때 느꼈던 감정을 인수에게 이야기하고자 결심했다.

우재는 진지하게 말했다. "지난번에 네가 사람들 앞에서 나에 대해 그런 식으로 말해서 정말 수치스러웠어." 인수는 처음에 약간 방어적인 반응을 보였다. "너는 항상 그런 식이야. 뭘 그 정도 일을 아직도 마음에 담아두고 그래?"라고 답했다. 우재는 잠시 숨을 고르고 차분하게 다시 말을 이어갔다. "내가 좀 그런 면이 있긴 하지." 우재는 자신의 감정을 인정하며 말을 이어갔다. "그렇지만 앞으로는 나에게 그렇게 말하지 않았으면 해."라고 정중하게 요청했다. 인수는 이 말을 듣고 나서야 자신의 말이 우재에게 상처를 주었음을 깨달았다. "그냥 별 뜻 없이 한 말인데…." 인수는 약간 당황한 채로 무미건조한 대답을 했다. 우재는 인수의 반응을 이해하며 "응, 나도 그렇게 알고는 있어. 그런데 그때 내 마음이 편치 않더라고. 그래서 조금만 조심해 주면 좋겠다는 생각이 들었어."라고 말하며 상황을 마무리했다.

이 사례는 우리가 일상 속에서 겪을 수 있는 공감의 부족과 그로 인한 오해를 보여준다. 상대방의 말이나 행동이 우리 감정을 어떻게 상하게 할 수 있는지를 잘 나타내며, 이러한 상황에서 서로의 감정을 어떻게 이해하고 소통할 수 있는지를 생각해 보게 한다. 내가 하는 말 때문에 상대방이 불쾌해할까 봐, 제대로 말을 못할 때가 있다. 입을 얼어붙고 마음도 돌처럼 딱딱하게 굳게 한다. 유연성이 사라지는 것이다. 조심스럽게 했던 말이 오히려 실수와 오해를 부르기도 한다. 자신의 부끄러운 이야기나 실수를 말하고 나서, 스스로 죄책감이나 수치심을 느끼기도 한다. 그럼에도 우리는 공감을 통해 이러한 감정들에 맞서고, 끊임없이 변덕스러운 욕구에도 버틸 수 있는 힘을 얻는다.

마음에도
이름이 있다

정서 라벨링

살다 보면 우리는 다양한 일을 경험하게 된다. 만만치 않은 고비를 마주할 때마다 '참 인생이 고달프다'는 생각도 든다. '마주하기 싫다'는 자연스러운 감정도 생긴다. 못 본 체하고 싶고, 없었던 일처럼 무시하고 싶은 마음이 들기도 한다. 그러나 위기 상황에서도 원인을 알고 적절하게 대처한다면 극복할 수 있다. 모든 고민에는 반드시 그 뿌리가 있기 때문이다. 그 뿌리를 제대로 알고 찾아간다면 풀지 못한 문제들도 하나둘 해결할 수 있게 된다. 세상에 존재하는 고민의 수만큼 각자의 반응도 다양하다. 그리고 그 반응으로부터 새로운 고민이 생겨나기도 한다. 이처럼 우리는 하루하루 다양한 반응들로 우리 삶을 채워 나간다.

아침에 일어나 접하게 되는 뉴스에 '이렇게 위험한 세상에서 어떻게 살아?'라는 생각이 든다면, 이는 불안에 대한 반응이다. 말이 통하지 않은 누군가와 대화하다가 '저 사람은 개념이 없구나'라며 짜증이 났다면 분노라는 반응을 일으킨 것이다. 곧 닥쳐올 시험을 상상하다가 '떨어지면 어떡하지?'라는 걱정을 했다면 긴장감이라는 반응을 보인 것이다. 일을 할 때, 사람들과 대화할 때, 걷거나 운전할 때도 우리들의 마음은 수많은 반응으로 연결된다. 제대로 반응하기 위한 솔루션을 찾기 위해 책을 읽거나, 강연을 듣거나, 상담을 받기도 한다. 이러한 과정에서 '정서 라벨링'은 작은 등대와 같은 역할을 한다. 우리가 경험하는 감정에 이름을 붙여주는 방법인데, 예를 들어, 마음이 불안하다고 느껴질 때 그 감정을 '불안'이라고 이름 붙이고 인정해 주는 것이다. 그렇게 감정에 라벨링을 하면 부정적인 감정의 힘이 약해지고 마음은 한결 가뿐해진다. 이렇게 감정에 이름을 붙임으로써 감정에 휘둘리는 대신, 그 감정을 곁에 둘 수 있는 친구처럼 받아들일 수 있다.

적절한 반응은 쓸데없는 감정 소모를 막기 때문에 에너지를 모이게 하고, 그 에너지를 나에게 적절하고 유용하게 사용할 수 있다. 그러나 제대로 된 반응을 습득하지 못하면, 여기저기 치인 감정 소모 때문에 정작 자기 자신에게 써야 할 에너지가 방전된다. 에너지가 방전되면 마땅히 해야 할 일조차 멈추게 한다. 이런 결과는 또다시 무기력감, 공허감, 자책, 비난으로 이어져 삶의 질을 악화시키는 악순환으로 반복된다. 계속되는 부적응적인 반응으로 인해 인간관계를 끊고 사회적 고립을 자발적으로 선택하는 사람들이 늘어나는 이유도 여기에 있다. 계속 애를 쓰다가는 자신이 소멸될 것 같기 때문에 차라리 뒤돌아서 버리는 편이 낫다고 판단하기 때문이다. 그렇다고 해서 무리하게 노력하지는 말자. 자신의 역량을 넘겨 상대방에게 맞추거나 남의 일을 떠맡으면 탈이 난다. '나는 이렇게 다 맞춰주는데 저 사람은 왜 저렇게 이기적이야?'라며, 상대가 자신의 노력에 반응하지 않으면 원망하게 될 수도 있다. 또는 '왜 나한테만 자꾸 일을 주는 거야'라며 상대방에게 문제의 원인을 돌리고 투덜거리게 된다. 이렇게 되면 결국 내가 바라는 인간관계와 사회생활과는 동떨어지게 된다. 제대로 반응하려는 자세는 우선 불필요한 반응을 하지 않는 자세와 같다. 헛된 반응을 하지 않고 효과적인 반응을 할 수 있도록 '라벨링'하는 방법을 알아보자.

마음은 하루에도 수없이 변한다. 편안하다가, 불편하다가, 긴장되다가, 불안하다가, 화가 났다가, 서운하다가…. 나열하기가 무색하게 종류가 다양하다. 무례한 사람 때문에 언짢았을 때 '나는 그 사람 때문에 화가 났어' 또는 '무시당한 느낌이 들어'라고 말하며 자신의 마음을 들여다보자. 운동을 해야 하는데 미루고 있거나 공부를 해야 하는데 스마트폰만 들여다보고 있다면 '내가 지금 혼란스럽다', '불안하다'라며 마음 상태에

마음의 다리, 서로를 잇다

대한 객관적 입장을 취한다. 가끔은 조용한 시간과 장소에서 호흡을 가다듬고 집중하면서 자신의 심박수가 안정되어 가는 과정을 느껴보는 것도 좋다.

민지는 미술을 전공하는 대학생이다. 최근 지도 교수님으로부터 작품에 대한 엄격한 피드백을 받았고, 그 말들이 마음에 걸려 우울했다. 집에 돌아와 곧바로 그림을 그려야 했지만, 소파에 앉아 스마트폰을 들여다보며 시간을 보냈다. 마음은 혼란스러웠으며 자꾸만 이런 마음이 들었다. '나는 지금 기분이 안 좋아. 어차피 집중도 안 돼. 뭘 먼저 해야 할지 모르겠어…' 민지의 마음속에는 교수님에 대한 미움이 가득했다. 그리고 그런 교수님에게 지적당한 자신이 너무 보잘 것 없이 느껴졌다. 민지는 이 감정을 '화'와 '실망감', '자기비하'로 라벨링했다. 이후 민지는 자신의 감정을 인지한 후, 조용한 음악을 틀고 몇 분간 호흡을 가다듬었다. 심박수가 천천히 안정되는 것을 느끼며, 이전보다 더 편안해졌음을 알아차렸다. 어느 날, 민지는 카페에서 친구와 대화를 나누었다. 친구가 자기 일에 대해 무심코 비판적인 말을 해서 마음이 불편해지고 짜증이 나고 있음을 느꼈다. 민지는 잠시 멈추어 '나는 지금 친구의 말 때문에 화가 난다. 내가 무시당했다고 느끼고 있다'라고 자신의 감정을 라벨링했다. 이러한 자각은 상황을 명확하게 이해하고 감정적으로 폭발하지 않게 도왔다. 민지는 친구에게 "내가 네 말에 조금 마음이 상했어. 앞으로는 좀 더 조심스럽게 말해줄 수 있을까?"라고 부드럽게 요청할 수 있었다.

외상 경험을
언어로
상징화하라

서술적 노출치료

우리는 살아가면서 거의 매 순간 감정을 느낀다. 스스로 인식할 때도 있지만 인식하지 못한 채 넘어갈 때도 있다. 감정을 다른 사람에게 표현하는 것은 건강하다는 징표다. 그러나 지나친 표현이나 지나친 회피는 주의가 필요하다. 자신의 감정을 지나치게 억제하는 사람은 통제감을 상실한다. 스스로 분노를 통제하지 못하면 애먼 사람에게 대신 감정을 표현하게 된다. 이러한 사람들은 타인의 비판이나 반응에 예민하다.

감정 표현을 과장해 드러내는 사람은 자기 내면에 있는 상처나 두려움을 부인하는 것과도 같다. 또한 중요한 타인과의 관계에서 해결되지 않은 부정적 감정, 예를 들면 분노 같은 감정이 맺혀 있는 사람들은 그 감정을 다른 사람에게 대신 표현하는 경우가 있다. 결국 다른 사람들의 비판이나 반응에 예민하게 된다. 감정을 제대로 표현하지 못하면, 마음속에 부정적인 감정이 맺혀 알코올성 분노, 무기력증, 과한 불안 등의 질병으로 이어지기도 한다. 감정을 마땅히 느끼고 표현해야 하는데, 그러지 못해 억눌린 결과다. 사람은 고통 속에서도 자신의 감정을 진정시킬 수 있는 어느 정도의 능력을 지녔다. 문제는 이러한 능력을 발전시키지 못하면 파괴적 감정을 맞닥뜨릴 수 있다는 점이다. 본연의 능력을 되찾고 싶다면 자기 조율 능력을 가진 안정감 있는 사람 곁에 있으면 도움이 된다. 감정을 안정적으로 조율할 수 있는 힘을 가진 사람이 파괴적 감정을 가진 사람의 경험을 진정으로 수용하고 가치를 부여해 주면, 자기 공감 능력이 향상된다.

'외상Trauma'은 심각하고 강렬한 정서를 불러일으킨다. 외상 경험은 현실감을 무너뜨리고 한 개인의 일생을 뒤흔들어 놓고 괴롭힌다. 우리가 말하는 외상 후 스트레스 장애Post Traumatic Stress Disorder, PTSD는 근본적으로 보면 정서적 반응체계가 심하게 흔들렸기 때문에 생긴다. 외상 사건에 대한 강렬한 느낌, 그리고 그 기억 속에 각인된 생생한 공포가 과거의 경험을 의식 속으로 불러들이는 셈이다. 외상 경험의 흔적을 언어로 상징화해서 증상을 완화할 수 있다. 나이가 어린 아동, 아직 언어 표현이 서툰 영·유아는 외상 경험을 제대로 표현하는 데 한계가 있다. 그래서 어릴 적 외상 경험이 지워지지 않는 흔적으로 남게 된다. 자신이 체험한 사건들을 언어화하고 상징적으로 표현할 서술 능력이 발달하지 못했기 때문에 흔적은 더욱 짙어지게 된다.

PTSD의 핵심적 증상으로는 무기력감을 꼽을 수 있다. 어떤 상황을 스스로 통제하지 못하고 대응하지 못한다는 두려움이다. 외상 경험은 뇌 기능을 교란하고 건강한 적응 기능을 방해한다. 이에 대한 교정은 재학습 과정이 필요한데, 일반적인 사람들이 느끼는 수준의 정서적 반응 수준을 회복할 필요가 있다. 과거에 경험했던 두려움과 강력한 느낌, 반응들을 어느 정도로 각성시키고 재처리하는 과정이 도움이 된다. 외상 경험을 말의 형태로 상징화해서 자신의 경험에 통합한 뒤 지금 이 순간, 현재는 '안전하다'라는 느낌을 재인식할 필요가 있다. 뇌의 정서적 감각 요소를 이야기 형태로 전환해야 하는 이유는 외상 기억을 뇌의 신피질 통제하에 두어야 의미 있는 구조 안으로 오롯이 통합할 수 있기 때문이다.

서술적 노출치료Narrative Exposure Therapy, NET는 마음의 상처와 외상 후 스트레스 장애를 치료하는 부드러우면서도 효과적인 심리치료 방법이다. 이 치료법은 우리 각자가 삶의 여정에서 마주한 크고 작은 사건들을 이야기로 엮어내도록 돕는다. 때로는 마음속 깊이 숨겨진 외상 기억과 밝고 즐거웠던 경험을 함께 끄집어내어 자신의 이야기를 한 편의 이야기로 재구성하게 만든다. 이렇게 함으로써 트라우마가 남긴 정서적 고통을 줄일 수 있다. 이 치료는 고통스러웠던 과거의 장면들을 다시 한 번 무대 위에 올려놓는다. 그리고 그 속에서 자신을 주인공으로 재배치함으로써, 과거의 이야기를 내가 원하는 방향으로 다시 쓰게 해준다.

언어로서 이야기되는 외상 경험의 재처리 과정은 오랜 시간 마음속에 자리 잡은 공포의 그림자를 걷어내는 여정이다. 어린아이가 외상 경험을 했을 때는 말로 자신의 경험을 표현하기 어려우므로 놀이치료를 활용하기도 한다. 과거의 공포가 가라앉았다는 것, 그리고 지금은 과거 속에 있지 않고 '안전한 현실'에 머물고 있음을 재학습하는 것이다. 이렇게 재구성된 이야기는 과거의 무섭고 두려운 기억들을 다스릴 수 있는 힘을 기르도록 돕는다. 자신이 안전한 현실 속에 존재함을 실제로 인식하고 과거의 외상에 대한 통제력을 되찾음으로써 현재를 살아갈 능력을 얻는 것이다.

승아는 교통사고를 경험한 후 차 소리만 들어도 심장이 뛰고 불안을 느끼는 증상을 겪었다. 상담사의 도움을 받아 서술적 노출치료를 시작했다. 상담 과정에서 그는 자신의 생애에서 중요했던 사건들을 시간 순서대로 배열하고, 각 사건에 대한 세부적인 이야기를 만들어나갔다. 특히 교통사고와 관련된 외상 경험을 자세히 이야기하며 그 당시의 느낌, 생각, 반응을 상세히 묘사했다. 상담사는 승아가 이야기하는 동안 그의 감정과 반응을 유의 깊게 듣고, 그가 경험한 두려움과 통증을 안전한 환경에서 재경험하도록 도왔다. 이 과정에서 승아는 사고 당시의 감정을 '무력감'과 '공포'로 라벨링했고, 이를 현재의 '안전함'과 대비시켰다. 지속적인 상담 과정을 통해 승아는 자신이 더 이상 그 위험한 상황에 있지 않다는 것을 인지할 수 있었다. 그리고 현재의 안전한 환경을 실감할 수 있게 되었다. 이러한 치료 과정을 통해 승아는 사고 이후 느꼈던 불안과 공포는 물론 일상생활에서의 불안도 많이 줄었다. 다시 운전을 시작할 수 있었고, 차 소리에 과민 반응도 서서히 줄어들기 시작했다.

외상 사건으로 인해 고통받는 이들은 언어로 상징화하는 방법 말고도, 스스로 진정할 방법을 배워두면 좋다. 과잉 활동, 과각성過覺醒, 공황감 등으로 인해 정신을 잃을 정도의 공포감에 휩싸인다면, 그저 외상 후 스트레스 장애 증상임을 인식한다. 혹시 과각성으로 고통받고 있다면, 그라운딩 기법, 나비 호흡법 등을 통해 도움을 받을 수 있다. 마지막으로 자기의 삶에 대한 통제감을 다시 얻어 그동안의 무기력감과 맞서 싸우는 법을 배워두면 좋다.

이 중에 그라운딩 기법에 대한 안내해 보겠다. 가장 흔한 그라운딩 기법 중 하나는 '5-4-3-2-1 기법'이다.

이 방법은 다섯 가지를 보고, 네 가지를 만지고, 세 가지를 듣고, 두 가지를 맡고, 한 가지를 맛보는 순서로 진행한다. 이 과정을 통해 개인은 현재 순간에 집중하게 되고, 과거의 불안이나 공포에서 벗어나 현재에 집중할 수 있게 도움을 받는다.

혜진은 대학원생으로, 박사학위 논문심사를 앞두고 있다. 이 중요한 이벤트는 심한 불안감을 유발했다. 심사 날이 다가올수록, 긴장으로 밤잠을 설치고 집중하기 어려워졌다. 이러한 상황을 극복하기 위해 상담사에게 도움을 청했다. 상담사는 그라운딩 기법을 추천했다. 논문심사 당일, 혜진은 심사 시작 전에 강의실 바깥 벤치에 앉아 그라운딩 기법을 시도했다. 그는 주변을 둘러보며 다섯 가지 색을 찾았다. 검은 문, 회색 콘크리트 벽, 푸른 하늘, 녹색 잔디, 흰 구름. 이어서 네 가지 물체를 만졌다. 매끄러운 벤치 표면, 반듯한 벽돌, 시원한 바람, 자신의 따뜻한 커피컵. 그다음 주변의 소리 세 가지를 들었다. 사람들의 대화 소리, 멀리서 들리는 차량 소음, 새들의 지저귐. 그러고 나서 교내 카페에서 나는 커피 냄새와 공기 중의 신선한 향기, 두 가지를 맡았다. 마지막으로, 입에 머금은 커피 맛을 천천히 음미했다. 이 그라운딩 과정을 통해 점차 불안을 잊고 현재에 집중할 수 있었다. 이 기법은 그에게 안정감을 가져다주었다. 덕분에 논문심사에서도 훨씬 더 집중할 수 있었다.

자신의 필요와
상대방의 요구를 동시에
고려하는 대화법

자기주장성

많은 리더십과 심리학 관련 저서들은 공통적으로 '적극적 리더십'의 중요성을 강조한다. 이들은 자신을 존중하면서도 타인을 부정하지 않고, 자신과 팀의 이익을 위해 균형 잡힌 방식으로 행동하는 리더가 되어야 한다고 조언한다. 여기에서 말하는 '적극적'이라는 말은 영어로 어서티브Assertive인데 이는 어그레시브Aggressive(공격형)와 패시브Passive(복종형) 사이의 균형 잡힌 상태를 설명한다.

이 책에서 전달하고자 하는 '말하기'의 핵심적인 의미가 바로 여기에 있다. 쉽게 말해, '어그레시브'한 사람은 공격적이어서, 빵 하나가 있을 때 자신이 모두 먹거나 상대에게 모두 양보하는 식으로, 둘 중 하나는 굶게 되는 상황을 만든다. 이는 오직 자신의 요구, 필요, 감정에만 관심을 두고 표현하는 방식이다. '패시브'는 수동적이기 때문에 자신을 지나치게 희생하고 주위 사람들을 생각하다가 자기 생각을 표현하지 않는다. 이러한 선택은 다른 사람의 욕구, 필요, 감정에 우선순위를 두기 때문에 결국 자신의 선택을 후회할 수 있다. 하지만 '적극성, 어서티브'는 자신은 물론 상대방도 고려한 서로를 위한 적극적인 주장이다. 이는 말하는 사람과 듣는 상대방 모두의 요구, 필요, 감정을 지지하는 것이다.

심리학이나 리더십 분야에서 커뮤니케이션의 필요성을 강조할 때, 적극성을 중요시하는 이유가 여기에 있다. 적극적으로 말한다는 것은 진솔한 마음을 있는 그대로 상대방에게 전달함으로써 자신의 존재를 드러내는 일이다. 다른 사람을 함부로 공격하거나 침략하지 않는다. 와인의 맛을 표현하는 말 중에 '어그레시브 와인'이라는 표현이 있다. 이 표현은 과도한 타닌의 쓴맛이나 산 때문에 맛이 조화롭지 않아, 유쾌한 느낌을 주지 못하는 와인을 의미한다. 이처럼 적절한 조화, 균형이 빠진 상태는 자신과 타인의 기분을 상하게 할 수 있다. 자기주장성Assertiveness의 4단계 DESC를 소개하면 다음과 같다.

1단계 D Describe(묘사한다)

2단계 E Explain(설명한다)

3단계 S Specify(제안한다)

4단계 C Consequence(결과를 전한다) & Choose(선택한다)

이해를 돕기 위해 이 4단계를 활용하여 거절해야 할 상황이 발생했을 때를 살펴보겠다. 이 선임은 직장 내 팀장에게서 제안서를 작성해 달라는 요청을 받았다. 하지만 이 선임은 다른 업무로 인해 제안서를 작성할 시간이 부족해 거절하고 싶었다. 이 선임의 경우에서 자기주장성의 4단계 DESC 기법을 활용해 보자.

1단계 이 선임은 사실적이고 객관적인 근거로 상황을 묘사한다. "팀장님, 저는 지금 다른 중요한 업무를 처리하고 있습니다."

2단계 이 선임은 팀장에게 거절할 수밖에 없는 이유를 설명한다. "팀장님께 도움이 되고 싶지만, 지금은 시간이 여의치 않아 제안서를 작성할 수 없을 것 같습니다. 죄송합니다."

3단계 이 선임은 대안을 제안하며 팀장이 고려할 수 있도록 한다. "지금 당장은 어렵지만, ○일까지 기간을 주신다면 가능할 수도 있습니다. 팀장님 생각은 어떠세요?"

4단계 이 선임은 이러한 결과를 전달하고,
팀장이 선택할 수 있도록 마무리한다.
"이 방법이 괜찮다면, 그렇게 진행해도
될까요?"

이 선임이 제안한 사항에 팀장이 제안을 받아들이면
"그렇다면 제가 그때까지 하겠습니다."라고 하고, 반대
의 경우라면 "그럼, 죄송하지만 맡을 수 없을 것 같습니
다."라며 자신이 결과를 선택한다.

자기주장성, 즉 자기표현은 자신의 존재감을 있는 그
대로 드러내는 것이다. 누군가를 설득하고 이해시키기
위해 애써 설명하지 않아도 된다. 불편하면 불편한 대
로, 하기 싫으면 싫은 대로, 그대로 이야기하면 된다. 자
기주장성은 누군가에게 확인받는 것이 아니다. 증명받
는 것도 아니다. 있는 그대로, 자신만의 시각과 의견을
표현하는 방식이다. 누구나 자신만의 의견을 가질 권
리가 있고 자신만의 시각이 있다. 이는 누군가의 영역
을 침범하지 않는다. 요구하지도 않는다. 책임을 묻지
도 않는다. 그래서 위협적이지 않다. 나와 다른 사람의
의견이나 시각적인 부분을 철저히 인정하고 존중하는
것이다. 굽신거리거나 동의하는 척하는 위선이 아니다.
그러니 나 자신을 포기할 필요가 없다. 더불어 내가 취
하려는 모양새를 유지할 수 있으며, 타인을 통제하는

데 괜한 힘을 쓸 필요가 없다. 우리는 많은 에너지를 나를 증명하는 데 쏟아붓곤 한다. 설명을 잘해야 상대가 이해하고 오해하지 않을 거라는 생각이, 오히려 하고자 하는 말을 막는다. 힘만 들고 지치기 때문에 정작 필요한 순간에는 입 한번 떼지 못하고 만다.

상대방에게 "내가 지금은 이래.", "내가 그때는 그랬는데, 지금은 이래.", "나도 내가 이럴 줄 몰랐는데, 이렇네."처럼 무게감 없이 '툭' 떨어뜨리듯이 싱겁게 표현해도 된다. 상대방이 이유에 대해 묻고 진실을 묻더라도 설명하고 싶지 않다면 하지 않아도 된다. 거절해도 된다. "지금은 말하고 싶지 않아. 나중에 해도 될까?"라고 내 마음 그대로의 의견을 표현해도 된다.

4

말의

미로,

마음의

열쇠

감정의 폭주를
막아라 ①

감정 변환

감정 표현에 익숙하지 않은 우리는 상대방의 의중을
파악하기 어렵다. 이해가 되지 않다 보니 판단을 내려
야 하는 상황에서 상상력을 발휘하기도 한다. 그러나
이러한 판단이 옳은지 그른지는 사실 중요하지 않다.
중요한 것은 그저 자기 마음이 편안함을 느끼는 것이
며, 이를 위해 우리는 어떤 식으로든 그럴싸한 해석을
내놓아야 한다는 점이다. 이해할 수 없는 것은 이해할
수 있게, 받아들이기 힘든 것은 받아들일 수 있게 만들
어 안정을 확보해 놓아야 안심한다.

상대방에게 직접적으로 질문을 하는 일은 또 다른 위
험을 자초한다고 생각해 꺼려지기도 한다. 괜히 질문을
했다가는 난처한 상황이 벌어지거나 상대방을 곤경에
빠뜨릴까 걱정되기도 한다. 표현하자니 두렵고, 담고
있기도 답답하다. 이러한 상황이 쌓일수록 생각은 복
잡해지고 정확한 사실을 공유할 기회는 멀어진다. 결국

그 무엇도 제대로 알지 못한 채 문제를 종결한다. 서로를 위한다는 명목을 앞세워 이야기를 마무리한다.

지속적으로 감정을 억누르면 어느 순간에는 결국 터져 나오게 된다. 흔히 '터질 게 터졌다'라는 말을 쓰는데, 이는 감정이 더는 통제되지 않고 폭발하는 상태를 의미한다. 이런 상황은 '호미로 막을 것을 가래로 막는다'는 속담처럼, 작은 문제를 미리 해결하지 않아서 더 큰 문제로 이어진 경우다. 감정은 억누른다고 해서 사라지는 것이 아니다. 단지 잠시 감춰질 뿐, 그 안에는 여전히 억눌린 감정이 쌓여간다.

사람은 누구나 자신의 감정을 표현하고 싶어 한다. 이는 자연스러운 욕구다. 하지만 우리는 사회 속에서 살아가면서 여러 가지 이유로 감정 표현을 주저하게 된다. 사회라는 공동체 안에서는 개인의 감정보다 다른 사람들의 권리와 안정을 우선시해야 하는 순간들이 많기 때문이다. 하지만 모든 감정을 억누른다고 건강한 사회가 되는 건 아니다. 불필요한 갈등을 유발하지 않는 선에서 적절하게 감정을 표현해 보자.

감정을 적절히 표현할 수 있는 사람은 일상에서 더 큰 안정감을 느낀다. 때로는 화가 나거나 짜증이 날 수도 있지만, 그 감정을 건강한 방식으로 표현한 후에는 마음이 빠르게 평온을 되찾는다. 감정이 출렁이는 것은 자연스러운 현상이다. 중요한 것은 그 출렁임을 어떻게 다루느냐이다. 감정을 억누르지 않고 솔직하게 표현할 때, 우리는 내면의 평화를 찾을 수 있다.

'내 감정은 나를 해치지 않는다'는 신념을 경험으로 증명해야 한다. 그런 경험이 있다면 어떤 부정적인 감정도 폭주로 이어지지 않는다. 부정적 감정이 그 누구도 위협하지 않는다는 것을 알기 때문이다. 오히려 문제가 되는 행동은 줄어들고, 아예 문제 자체가 일어나지 않을 수도 있다. 우리는 누군가가 자기 감정에 진심으로 귀 기울여주기를 원한다. 나쁘다거나 잘못되었다고 단정 짓지 않고 있는 그대로 받아들여 주기를 바란다. 다만, 이런 공감을 받지 못할 때는 쉽게 상처 입는다. 이때 많은 이들이 자신에게 공감해 줄 수 있는 '사람'을 물색하고, 사람 찾기에 실패하면 다른 대상을 찾아 헤맨다. 온라인 공간이라면 스마트폰, SNS, 플랫폼 등이 있겠고, 쇼핑이나 도박, 술, 마약 등에 몰입하게 되는 이유다.

소미는 자주 부모님과 함께 외식을 한다. 그런데 최근 몇 주 동안 자신의 직장과 미래에 대한 부모님의 끊임없는 조언이 몹시 부담스러웠다. 그는 자신이 선택한 진로를 부모님이 불신하고 있다는 생각에 사로잡혔다. 하지만 이러한 감정을 어떻게 표현해야 할지 몰라 속앓이를 하게 되었고, 이는 곧 갈등으로 이어졌다. 그러던 어느 날, 부모님이 진로에 대해 조언하기 시작하자 소미는 마음속 감정이 폭발할 것 같았다. 그 순간 그동안 배운 감정 변환 기법을 사용해 보기로 했다. 심호흡을 하고, 자신의 불편한 감정을 인정하는 대신 부모님의 조언이 자신에게 주는 긍정적인 측면을 찾아보기로 했다.

"엄마, 아빠, 나는 부모님의 조언이 정말로 중요하다고 생각해요. 부모님은 항상 나를 걱정해 주시고 격려해 주세요. 그런데 가끔은 내 스스로 결정을 내리고 싶은 마음도 있어요. 오늘 이야기해 주신 부분에서 나도 고민해 볼 점이 많은 것 같아요. 앞으로는 조금 더 내 생각도 말씀드리며 대화를 나누면 좋을 것 같아요."

감정을 적절히 표현하지 못하면 언젠가는, 어떤 식으로든 폭주한다. 이런 폭주는 의도적인 것이 아닐 수도 있다. 폭주는 감정이 오랫동안 제대로 존중받지 못하면 발생한다. 감정이 제대로 표현되지 않거나 받아들여지지 않으면, 표현 방식은 거칠고 날카로워진다. 처음에는 그저 아파서 운 것뿐이었는데, 제대로 공감받지 못하면 울음은 억울함과 분노로 번지게 된다. 자녀가 부모와 대화하다가 문을 쾅! 닫고 방으로 들어가거나, 연인 사이에 다툼이 일어난 후 갑자기 연락이 끊기거나,

생활이 힘들어서 하소연했지만 오히려 비난을 받은 후 게임이나 스마트폰, 술 등으로 도피하는 행동들은 모두 감정 소통이 원활하지 않을 때 나타나는 반응이다. 이런 도피 행동들은 감정이 쌓이고 폭주하게 되는 과정의 일부일 뿐이다.

무슨 일이 일어났는지 엄마한테 말해줄래?

방금 내가 한 말 중에 어떤 점이 서운했는지 말해줄래?

아! 그런 기분이었구나. 전혀 몰랐네.

저렇게 흥분하는 데는 분명 이유가 있을 거야.

저렇게 행동하는 이유가 있을 거야.

혼자 마음고생이 많았겠구나.

넉넉한 마음으로 상대를 바라봐 주자. 누구나 자신의 감정을 표현하고 추스를 수 있는 시간은 필요하니까.

감정의 폭주를
막아라 ②

당위적 사고

감정 조절이 어려운 이유는 다양하다. 뇌 과학적 관점으로는 전두엽, 혹은 변연계 기능과 관련이 있다. 기질과 성격적 측면에서는 개인마다 감정이 반응하는 스타일이 다르기 때문이라고 본다. 예를 들어, 유전적으로 감정에 예민하거나 둔감한 사람들은 감정을 처리하는 방식이 다를 수 있다. 다른 원인으로는 스트레스가 많은 환경이나 트라우마 같은 경험이다. 이외에도 문화적 특성, 사회적 분위기, 개인의 심리적 어려움 등도 감정 조절의 어려움을 초래하는 원인이 된다. 다채롭고 복잡한 사회에서는 일일이 개인의 특성을 돌봐주기 어렵다. 이러한 환경에서 감정 조절에 실패하면 중요한 인간관계를 깨뜨리거나 사업에서 중요한 기회를 놓칠 수도 있다.

이와 관련하여 법륜스님은 감정 조절이 어려운 주된 이유를 '집착'에서 찾았다. 스님의 지혜에 따르면 '마음이 특정 생각이나 상황에 과도하게 집착할 때' 감정 조절에 어려움이 있다고 보았다. 감정의 폭주는 '반드시 내가 원하는 방식대로 되어야 한다'는 집착에서 비롯된다고 했다. 이것은 반드시 이겨야 하고, 반드시 성취해야 하고, 반드시 내가 원하는 대로 되어야만 한다는 사고다. 경기에 질 수도 있고 이길 수도 있고, 무언가를 이룰 수도 있고 이루지 못할 수도 있다. 이러한 것들은 다 변덕스러운 것들이다. 이러한 집착을 버리고 현재 감정 상태를 자각하는 것, 즉 '내가 지금 화가 났구나, 집착하고 있구나' 하고 자각하면 감정을 가라앉히는 데 도움이 된다.

'당위적 사고'는 인지행동치료에서 쓰이는 개념이다. 자세히 살펴보면 개인이 자신이나 타인에 대해 비현실적이고 엄격한 규칙을 설정하고는 '반드시', '항상', '절대'와 같은 용어를 사용해 생각하는 패턴을 말한다. 이러한 사고방식은 감정의 불안정성을 초래하고, 현실에 부합하지 않는 기대를 하게 만든다. 법륜스님의 감정 조절에 대한 설명과 연결해 보면 사람들이 자신의 감정, 특히 분노나 불안감에 대해 '반드시 내 마음대로 되어야 한다'는 강한 집착을 가질 때, 이는 당위적 사고의 영향을 받는 것으로 볼 수 있다. 이러한 사고는 현실을 그대로 받아들이기보다, 기대나 가치관에 따라 왜곡해 해석하게 한다. 결국 감정의 폭발로 이어지는 것이다.

살다 보면 '반드시 이렇게 해야 해' 또는 '절대로 그렇게 안 돼'라는 생각에 사로잡히기도 한다. 이런 생각들은 우리 마음을 쥐락펴락하는 지휘자처럼, 우리가 어떻게 느끼고 행동해야 하는가에 대해 엄격하게 지시한다. 이러한 지시대로 사는 사람들은 더욱 힘든 삶을 살수밖에 없다. 인지행동치료에서는 '내가 왜 그렇게 느끼는가', '이러한 생각이 어디로 오는가'에 대한 관심을 가짐으로써 자신을 더 잘 이해하게 될 것이라고 한다. 감정을 효과적으로 관리하고 더 건강한 인간관계를 유지하려면, 이러한 '당위적 사고'를 인식하고 유연하게 조절하는 것이 중요하다. 즉, 늘 '해야 한다'고 느끼는 부담에서 벗어나 '할 수도 있고, 안 할 수도 있어'라고 생각하는 여유를 갖는 것이다.

　감정 관리는 우리 삶에서 필수적이다. 불합리적이고 부조리한 일로 때로는 억울하고, 참아야 하는 상황이 얼마든지 일어난다. 이러한 상황에서 감정을 묵혀두면 어떤 식으로든 나타나게 되어 있다. 가슴 답답함, 숨가쁨, 오한, 불면증과 같은 신체 증상이 생길 수도 있다. 심한 경우 갑작스러운 쓰러짐이나 무기력감으로 일상생활이 힘들 수도 있다. 이렇게 감정을 돌보지 않으면 공황장애, 불안장애, 우울장애 등 다양한 심리적 건강에 적신호가 오고 만다. 감정을 똑똑하게 관리하는 방법을 배워두면 좋다.

'한 치 앞도 내다볼 수 없다'는 불확실한 미래는 불안과 긴장의 연속이다. 뉴스나 소셜 미디어, 유튜브 등의 미디어를 과도하게 소비하는 것은 이러한 불안과 긴장의 정도가 심해질 수 있으므로 제한하는 것이 좋다. 무섭고 두렵고 불안한 상황을 간접 경험하는 것만으로도 감정 조절 능력이 저하될 수 있다. 특히 타인의 기분에 쉽게 좌우되는 사람은 주위의 부정적인 감정에 크게 영향을 받아 휩쓸린다. 본인이 원치 않더라도 자기도 모르는 사이에 감정의 롤러코스터를 탈 수밖에 없게 된다. 이럴 때일수록 사람이나 환경에 대한 간접자극을 줄이면 좋다. 미디어의 유혹을 뿌리치고, 무엇보다도 자신에게 집중하고 자기 할 일에 집중함으로써 방어능력을 키워내야 한다.

감정을 관리하는 세 가지 요령

숨쉬기를 바꿔보자. 감정 통제 시스템이 제대로 작동이 되지 않을 때는 즉각적으로 시행할 수 있는 방법을 시도한다. 감정 고조는 몸에 직접적인 영향을 미치며, 이때 호흡이 빨라지고 심장박동도 가속화된다. 감정을 효과적으로 관리하는 가장 간단하면서도 효과적인 방법은 심호흡이다.

몸이 미도, 마음이 약손

심호흡법

천천히 숨을 들이쉬기 4초 동안 천천히 숨을
들이마신다. 이때 폐와 복부가 공기로 꽉
차는 느낌에 집중하자.

숨을 잠시 멈추기 1~2초 동안 숨을 멈춘다.
숨쉬기를 일시적으로 멈춤으로써 폐와
복부에서의 공기를 느끼는 데 집중하자.

천천히 입으로 숨 내쉬기 이어서 천천히 입으로
숨을 내쉰다. 숨을 내쉬는 시간은 공기가
폐에서 완전히 배출될 때까지 6초에서 10초
사이로 지속한다.

감정 조절 능력은 자신의 감정을 잘 알아차리고, 이
를 통제할 힘이 있고, 상황에 맞게 표현할 수 있는 능력
을 말한다. 이를 위해 몇 가지 방법을 소개했지만 평소
스트레스를 줄이고 즐거움을 찾는 활동, 신체운동, 믿
을만한 사람과의 대화 등이 도움이 된다. 이런 방법들
이 좋다는 것쯤은 이미 잘 알려져 있어 식상하게 느껴
질 수 있지만, 요즘 우리는 지나치게 오랜 시간 미디어
에 노출되고 순간의 쾌락에만 매달려 산다. 대부분 '감
정 조절은 이렇게 하는 것이다'라고 실제 경험으로 배
운 적이 없다. 아마 우리 세대뿐만 아니라 이전 세대도
마찬가지였으리라. 이렇다 보니 우리는 후대에 적절한

본보기를 제공하는 데 어려움을 느낄 수밖에 없다. 그 결과, 우리 스스로 감정을 조절하는 방법을 찾아서 적용하는 수밖에 없다. 자신에게 가장 적합한 감정 조절 방법을 한 가지만이라도 습관화한다면 감정을 알아차리고 적절히 표현하는 데 도움이 될 것이다.

자기 인식

내가 지금 답답해서 고함을 지르고 싶구나.

내가 지금 무시당했다는 생각이 들었구나.

내가 ○○에게(이 상황에서) 공격당했다고 느꼈구나.

내 기분이 나빠졌구나.

내 기분이 불쾌해졌구나.

내 기분이 좋아지는구나.

내 가슴이 후련하구나.

감정을 누군가에게 말할 수 있으려면 여러 걸음이 필요할 수 있다. 그 첫걸음으로 내가 먼저 감정을 인지하고 표현하는 연습을 해보는 것이 좋다. 감정을 계속 인지하고 이를 구체적인 언어로 표현해 스스로에게 말하는 훈련을 하는 거다. 연습은 반드시 필요하다. 이 과정에서 기분 좋은 감정을 먼저 느끼고, 표현하는 것이 도움이 될 수 있다.

자기표현

나 지금 속상해.

나 지금 서운해.

나 지금 슬퍼.

나 지금 억울해.

나 지금 기분이 좋아졌어.

그렇게 해주니까 내가 기뻐.

지금 그렇게 해줘서 고마워.

감정,
마음을 드러내는
예술

합리화

기억은 단순히 사건의 사실뿐만 아니라 그와 연결된 감정도 포함한다. 과거를 되돌아볼 때 대부분은 사건의 세부 정보에만 집중하며 그때 느꼈던 감정에 대해서는 간과하고는 한다. 많은 경우, 감정을 단순히 '생각'이라는 카테고리로 묶어버리는 경향이 있다. 하지만 생각과 감정은 다르다. 생각은 논리적 처리 및 판단과 관련되어 있고, 감정은 경험에 대한 본능적인 반응에 해당한다.

감정은 느낌과 상황에 대한 안내서가 아니다. 직접적이면서도 간결한 언어로 그때 느꼈던 감정 그대로를 표현하는 방법을 익히자. 사용하는 단어가 많아지면 설명에 치우치게 되고, 이로 인해 핵심 감정에서 멀어질 위험이 있으니, 간결하게 표현해 보자. 우리가 느낀 바를 더 명확하게 전달하는 데 도움이 된다.

생각

나는 그때 화가 나는 거 같았어.

당신이 나를 사랑하지 않는 것 같다고 느꼈어.

당신이 내게 한 태도가 너무 가혹하다는 생각이 들었어.

감정

나는 그때 화가 났어.

나는 사랑받지 못한다고 느꼈어.

나를 향한 당신의 태도가 너무 원망스러웠어.

자세히 보면 감정과 생각은 다르다. 대개 우리는 합리화라는 방어기제를 사용해 자신이 느끼는 감정과의 거리를 조절하려 한다. 합리화는 심리학에서 자주 언급되는 방어기제 중 하나다. 행동, 생각, 감정을 더 수용할 수 있도록 그 이유를 찾는 과정으로써 활용한다. 예컨대, 승진 기회를 놓쳤을 때 '아직 그런 중압감을 감당할 준비가 되지 않았다'며 자기를 위로하는 식이다. 합리화를 활용하면 즉각적으로 실망감이나 두려움을 줄일 수 있다. 다만, 합리화는 당장의 평안만 줄 뿐 진정한 성숙은 어렵게 만든다.

자신의 고통을 다른 이들과 비교해 하찮게 여기는 사람들은 자신이 감정을 느껴도 되는지 의문을 갖는다. 이들은 부정적인 감정을 온전히 경험하기보다는 분석하거나 논리적으로 설명하려고 한다. 감정을 제대로 인식하지 못하고 외면하면 우울감이 찾아오고, 무기력해지며, 삶에 대한 에너지가 고갈된다. 생각은 많아지는 반면 감정은 점점 무뎌지고, 무의식 속에 묻히게 된다. 결국 삶의 열정을 서서히 갉아먹는다. '나는 슬퍼'라는 직접적인 표현이 '나는 슬프다고 느꼈어'라는 표현으로 바뀌는 것이 바로 '감정이 생각으로 변하는 순간'이다. 직접 느낀 감정을 솔직하게 표현하지 못하는 것이다. 합리화하려는 방어기제 때문에 감정을 깊은 무의식 속으로 밀어 넣고, 생각만을 표면 위로 떠오르게 만든다. 이 과정에서 진정한 감정은 숨겨지고, 생각만이 반응을 지배하게 된다.

다른 사람의 말 때문에 속상함을 느꼈다고 가정해 보자. 상대방이 "내가 한 말 때문에 기분 상했어?"라고 질문하더라도 "아니, 전혀."라고 대답하는 순간은 누구에게나 있다. 로봇처럼 "괜찮아"라고 말하고 나면, 속으로는 '안 괜찮은데…'라고 생각하며 찜찜함을 남긴다. 이런 반응은 솔직하게 말하면 속이 좁은 사람으로 보일까 봐, 또는 상대방과의 관계가 어색해질까 봐 솔직함을 억제하는 것이다. 자신의 감정을 숨기고, 타인과의 관계를 유지하기 위해 자신을 억제하는 상황이다. 상대방의 반응을 돌보느라 자신의 감정을 무시하거나 드러내지 않다가 결국 나중에 더 큰 어려움을 맞닥뜨릴 수 있다. 당장의 어색함을 피하려다가 더 큰 불편감을 몰고 오는 것이다. 내 감정을 다른 사람이 완벽히 이해할 수는 없다. 마찬가지로 나도 상대방의 감정을 정확히 파악할 수 없다. 우리는 자신과 타인의 감정을 더 조심스럽게 다루어야 한다. 설령 타인의 감정을 파악할 능력이 있다고 해도, 상대방이 입으로 표현하는 말을 함부로 판단하는 것은 위험하다.

감정을 말한다는 것은 무례함도, 대적하는 것도 아니다. 그저 내가 어떤 상태라는 걸 이야기하는 것이다. 감정을 표현할 때 항상 용기가 넘칠 수는 없다. 그러니 두려워하고, 떨리고, 망설여도 괜찮다. 용기 내지 않으면 타인과의 진실한 관계를 유지하기 어렵다. 괜찮지 않은데 괜찮은 척하는 것은 자신의 어깨에 계속 짐을 지우는 것과 같다. 물론 감정을 솔직하게 표현하는 것은 만만한 작업이 아니다.

세 살짜리 아이는 걷다가 넘어지면 "아픈 것 같아!"라고 하지 않고 "아파!"라고 말한다. 감정은 자신이 느끼는 그대로를 말로 표현하는 것이다. 감정을 표현할 때는 진실하게, 개방적으로 표현하면 좋다. 상대방 눈치를 보느라 말문이 트이지 않을 때, '상대방의 반응이 좋을 수도 있고 아닐 수도 있지. 그것까지는 내가 통제할 수는 없어. 나는 이 순간 내 느낌을 진솔하고 진중하게 표현할 거야'라고 다짐해 보자.

감정을 표현하는 데 언어만 사용하는 것도 충분하지만, 포옹이나 등을 토닥이거나 가벼운 스킨십 같은 부가적 표현을 더하면 더 풍부하게 감정이 전달된다. 말을 하지 않아도 내 마음을 상대방이 알아주면 정말 좋겠다. 그러나 그런 일은 드물다. 우리는 독심술사가 아니다. 아무리 감성지능이 뛰어난 사람일지라도 정확히 상대방의 감정까지 꿰뚫어 본다는 착각은 위험하다. 그래서 우리는 사랑하는 사람이 내 마음을 몰라준다는 이유로 원망하고 불평하는 일을 줄여야 한다. 내가 남의 마음을 모르는 것이나 내 마음을 남이 모르는 것은 당연하다. 말할 때 본론은 온데간데없고 산만하게 흩어질 때가 있다. 솔직하게 자신의 감정을 표현하는 데 익숙하지 않기 때문이다. 두렵기 때문이다. 누구나 익숙해지기 전까지는 서툴다. 상대방을 향한 존중과 배려의 마음을 유지하면서 말한다면 당신이 상상하는 무시무시한 일은 일어나지 않을 것이니 용기를 내보자.

대화를 하다 보면 '저는 ~하는 것 같아요'라는 말을 습관적으로 사용하는 사람이 있다. 언뜻 들어보면 굉장히 겸손하고 배려심 많은 사람처럼 보일 수 있다. 하지만 실제로는 자기 의견을 내비치는 것이 어렵고 두려워서인 경우가 많다. 그럴 때 나는 상황을 주시하며 슬쩍 제안을 한다. "지금 ○○가 사용하는 말을 살펴보면 '~같아요'라는 말을 자주 사용하는데 '~한다'로 바꿔서 이야기해 보면 어떨까요?"

　이렇게 말을 바꿔서 하다 보면 자기 의견을 더 명확하게 전달할 수 있고, 자신의 말에 책임을 지는 표현이 가능해진다. 이런 제안을 처음 듣는 상대방은 당황할 수 있지만 곧 '내가 지나치게 다른 사람을 의식하고 있었구나'라고 깨닫게 된다. 좀 더 주체적으로 자신의 감정과 생각을 표현하다 보면, 오히려 에너지가 생기고 삶의 열정이 샘솟는 것을 느낄 수 있다. 감정에는 그 자체의 진실이 있다. 그 진실을 그대로 드러내고 표현하는 것이 중요하다. 자신에게 찾아오는 감정은 모두 소중하다. 감정이 격해지는 것에는 그럴만한 이유가 있고, 감정이 혼란스러운 것에도 그럴만한 이유가 있다. 감정을 분석하거나 합리화하려고 서두르지 말자. 에둘러 표현하거나 부적절한 포장지로 감싸면 감정은 더 이상 당신의 편이 되지 않는다. 그저 솔직하게 표현할 때만이 감정이 주는 선물을 받을 자격이 생긴다.

언어생활은
대화로 나타난다

자기 관련성 편향

누군가로부터 자신의 경험과 느낌을 부정당할 때만큼 억울한 일이 또 있을까. "그때는 내가 정말 아팠어."라고 말하고 있는데 "그 정도는 누구나 겪는 일이야."라는 말을 듣는다면 깊은 상처 속으로 빠져들 수 있다. 아이러니하게도, 우리는 이러한 실수를 계속해서 반복한다.

가영 씨는 엄마와 다툰 일을 오랜 친구에게 처음으로 털어놓았다. 친구와 오랫동안 대화를 나눴음에도 마음이 무거웠다. 가영 씨의 엄마는 아이들이 어릴 때 이혼하셨고, 그 이후 혼자 두 남매를 키우며 열심히 일하며 살아왔다. 가영 씨는 어릴 때부터 엄마가 힘들어하는 모습을 봐왔기에 자신이 힘들 때는 감정을 표현하기 어려웠다. 명절 때 친척집에 갈 때마다 "가영아. 네가 만이니까 엄마한테 잘해야 해."라는 말을 자주 들었다. 이런 말을 들을 때마다 어깨가 무겁고 '뭔가 잘못하고 있다'는 죄책감을 느꼈다. 가영 씨는 힘든 일이 있어도 그 누구에게도 내색하지 않고 꿋꿋하게 살아왔다. 하지만 가끔 우울하기도 하고 공허해서 삶의 즐거움을 잃은 채로 상담실에 찾아왔다.

"오랜 친구에게 제 이야기를 털어놓았는데도 뭔가 부정당한 느낌이 들어요." 가영 씨는 친구가 "힘들겠지만, 이겨내야 해. 나는 너보다 더 힘든데, 우리 집을 봐. 부모님이 자주 싸워서 나도 뛰쳐나가고 싶을 때가 한두 번이 아니야."라고 말한 이후부터 더욱 외로움을 느꼈다고 한다.

가영 씨의 친구가 '나도 힘들게 산다'는 반응을 보인 이유를 뇌 과학에서는 '쾌감중추 자극' 때문이라고 말한다. 이 때문에 상대방의 말을 경청하고 배려하고 존중하기보다는 자기가 하고 싶은 말, 자기 머릿속에 떠오르는 말, 자기중심적인 말이 더 쉽게 튀어나온다. 가영 씨 친구의 반응처럼 대화는 의식하지 못한 채 자기중심적인 방향을 향해 흘러가기도 한다. 뇌 과학에서는 이를 '자기 관련성 편향'이라고 설명한다. 이러한 편향은 자기의 경험을 타인의 경험보다 우선하도록 만들기 때문에, 다른 사람의 이야기를 들을 때마다 자기 경험과 비교하거나 관련짓는 성향을 더 뚜렷하게 유도한다. 가영 씨가 친구에게 어려움을 드러냈을 때, 친구는 본능적으로 자기도 비슷한 어려움을 겪었다는 사실을 말하고 싶었을 것이다. 가영 씨가 자기 감정을 온전히 드러내고 이해받기 원하는 순간임에도, 친구는 본인 이야기로 화제를 돌렸다. 그래서 가영 씨는 무시당했다는 느낌을 받은 것이다.

사실 가영 씨는 친구에게 이런 말을 듣고 싶었다고 한다. "아, 가영이 네가 그렇게 느낄 수도 있겠구나. 그럴 수 있지. 그런 마음이 들 수도 있어." 가영 씨는 자신이 엄마에게 가진 부정적인 생각에 이미 많은 죄책감을 느끼는 상황이었다. 이러한 죄책감을 안고 힘들게 이야기를 나누었는데, 친구의 반응으로 인해 죄책감이 더욱 커졌다고 느꼈다. 상대에게 깊이 공감하고 싶다면, 자기 경험을 공유하기 전에 상대의 감정과 상황을 먼저 알아차려 보는 것이 좋다. "정말 힘들었겠네. 나도 비슷한 경험이 있어서 네가 느낀 그 감정을 조금이나마 이해할 수 있을 거 같아."라고 말해보는 건 어떨까. 우리는 "그런 생각을 하면 안 돼."라고 말하는 친구보다 "네가 그렇게 느끼는 것은 당연해."라고 말해줄 친구가 필요하다.

이런 생각을 하는 내가 나쁜 사람이야.

다 나를 위해 그렇게 한 거야. 내가 오해한 거야.

내가 너무 예민한 거야. 별것도 아닌데 나만 바꾸면 돼.

자신의 감정이나 경험을 제대로 인정받지 못할 때 우리는 종종 자신을 합리화하거나 왜곡된 해석을 붙여 스스로를 설득한다. 자신이 겪는 고통에서 벗어나기 위해 진실을 포장하고 각색함으로써 마음의 평안을 얻고 싶기 때문이다. 그러나 이러한 내적 작업이 쌓일수록 고통과 불안은 깊어지고, 자기비하 역시 증가하는 경향이 있다. 그렇다면 어떻게 해야 할까? '그 사람은 정말 나쁘다'라고 거친 말로 표현한다고 해서 마음이 편안해질까? 아니면 '그렇게 생각하는 나 자신이 나쁘다'라고 마음을 먹어야 편안해질까? 자신이 나쁘든, 상대가 나쁘든, 양극단으로 구분하는 사고방식은 흑백논리다. 우리에게 일어나는 일들을 단순히 좋고 나쁜 것으로 나누기보다는 '일어날 수 있는 일', '그럴 수 있는 일'로 바라보는 것이 바람직하다. '나에게는 그런 일이 일어날 수도 있고', '나는 그런 생각을 할 수도 있다'는 사고방식을 통해 더 넓은 시각을 가질 필요가 있다.

기분이 자주 언짢은 사람들은 자기 기분을 좋게 만드는 방법을 잘 모른다. 그래서 오히려 더 불안하거나 화가 나기도 한다. 나쁜 기분을 좋은 기분으로 전환하는 데 미숙하기 때문에 종종 나쁜 상태에 머무르기도 한다. 이런 상태에서 벗어나려고 노력하지만, 실패를 반복하게 되면 결국 다른 대상을 찾아 나선다. 그러나 적절한 대상을 찾는 것도 쉽지 않다. 이러한 악순환은 때때로 지나치게 위축되거나 과도한 반응을 일으킬 수 있다.

가영 씨는 자신을 '나쁜 사람'으로 여기는 것에 익숙

해 전자의 방식을 택했다. 그러나 어떤 사람은 그 친구를 탓할 수도 있다. 믿었던 친구라며 어떻게 그럴 수 있냐며 분하게 생각한다. 친밀한 관계에서 충분한 경험을 하지 못했을 때 사람들은 종종 정서적 불안정성을 느낀다. 자신의 감정과 생각을 있는 그대로 표현하고, 그것을 인정받는 일은 큰 기쁨이다. 하지만 누구에게나 한계는 있다. 하지만 건강한 사람은 한쪽으로 치우치지 않고 양쪽 사이를 자유롭게 넘나든다.

> **가영** 내가 이런 말을 했을 때 내 말을 그냥
> 있는 그대로 인정해 줄 수 있을까?
> **친구** 아, 내가 좀 성급했나 봐. 네가 그런
> 마음을 갖고 있다는 걸 먼저 알아차렸어야
> 했는데. 미안해.

'나는 절대 이런 마음을 품어선 안 돼', '너는 절대 그런 마음을 품어선 안 돼'와 같은 선입견은 사람을 고통스럽게 한다. 이러한 선입견은 자신의 정의를 증명하려고 애를 쓰게 되고, 상대방의 정의가 틀렸음을 밝히려고 애쓰게 만든다. 자꾸 증명하려 하면, 자신의 마음을 제대로 표현하지 못하게 되고 결국 단절이 시작된다. 내 마음을 표현하고, 상대방의 마음을 충분히 인정하는 대화야말로 진정한 관계의 본질이다.

말장난에서 시작된
극단적인 갈등

욕설의 스펙트럼

우리는 종종 자신도 모르게 혼잣말로 슬픔, 기쁨, 분노, 실망 같은 복잡한 감정을 말한다. 이렇게 마음속 깊은 감정을 풀어내는 과정에서 스스로 이해하고 위로받는다. 감정을 말로 표현하는 일은 자기 인식의 중요한 부분이며, 자신의 감정과 생각을 명확히 하는 데에도 도움을 준다. 또한 감정을 외부로 발산함으로 스트레스 해소에도 도움이 준다. 예를 들어, 기쁠 때 환호함으로써 우리는 그 기쁨을 더욱 깊게 느낄 수 있다. 아플 때 '아프다'고 말해 고통을 다른 사람에게 알리고 도움을 요청하기도 한다.

서로 얼굴을 보고, 표정을 보고, 시선을 맞추면서 살아야 하는데, 하루 대부분을 타인의 시선을 피하며 살기도 한다. 우리가 사는 미디어 세상이 커지면서 온라인 공간에서의 언어 사용이 점점 더 거칠어지고 있다. 서로를 향했던 시선이 네모난 유리 액정 속에 갇힌 결과이다. 은어, 욕설을 포함한 상스러운 말들을 소셜 미디어, 포럼, 채팅방 등에서 흔히 볼 수 있다. 일부 사람들은 욕설을 사용하는 것을 일상적으로 여겨, 이를 의식조차 못한다. 이러한 언어 사용의 습관화는 어린이에게도 영향을 미치고 있어, 어린 세대 역시 거친 언어를 입에 담는 현상을 보인다.

이러한 맥락에서 최근 말 문화를 살펴보면, 강렬한 감정을 표현하는 방법으로 욕설을 사용하는 경우가 많아졌다. 기분이 상했을 때 욕설을 쓰는 것은 기본이고, 심지어는 기쁨이나 흥분의 순간에도 욕설을 사용한다. 때로는 고통이나 아픔을 나타낼 때도 욕설은 쓰인다. 우리는 때때로 감정을 있는 그대로 표현하지 못하고, 가장 본능적인 언어로 그것을 대신하려 한다. 욕설 속에는 억눌린 감정이 자리하고 있으며, 때로는 고통과 분노, 때로는 유대감과 친밀함이 함께 담겨 있다. 이제 욕설은 특정한 순간을 넘어 일상의 대화 속으로 스며들고 있다.

욕설은 단순한 무례함을 넘어, 다양한 기능과 의미를 갖는다. 먼저 집단 소속감 및 정체성 표현이다. 욕을 섞어서 사용하는 소통 방법은 특정 집단에 속해 있다는 신호로 작용할 수 있다. 특정 집단의 유대감을 강화하고, 집단의 일원으로서의 정체성을 표현하는 수단이다. 그다음으로 감정 표현이다. 욕설은 강한 감정을 표현하는 방법으로 자주 사용되며, 특히 분노나 좌절감과 같은 감정을 나타내는 데에 효과적이다. 이는 자신의 감정을 관리하고 표현하는 하나의 방식으로 볼 수 있다. 욕설은 그 이면에 숨겨진 감정과 욕구를 이해하는 단서가 되기도 한다. 누군가는 욕설을 통해 내면에 숨겨진 감정과 생각을 드러낼 수도 있다.

대립 상황, 반항적인 태도를 보이고 싶을 때, 정체성이 위협받거나 자율성이 침범되는 상황에서 불쾌한 감정을 욕설로 드러낼 수 있다. 이렇듯 욕설의 의미는 듣기 싫은 말 그 이상을 표현한다. 사람들은 욕설을 사용해 다른 사람과의 상호작용에서 재미나 유머를 추구하기도 하는데, 이는 그들이 소통하는 방식 중의 하나로 작용해 서로의 관계를 강화하는 역할을 한다. 욕설을 통해 드러내고자 하는 의도는 사실 타인이 이해할 수 없거나 짐작하기 어렵다. 그러니 더욱 듣는 이로 하여금 불쾌한 감정이 들게 하고 관계를 비틀어지게 만든다.

사람의 뇌는 받아들이는 소리의 질과 종류에 많은 영향을 받는다. 거친 소리와 강한 음파는 감정과 행동에 영향을 준다. 예를 들어, ㄲ, ㄸ, ㅃ, ㅆ, ㅉ처럼 거친 소리를 자주 말하거나 듣는 사람들은 자신도 모르게 자신의 성격이나 행동이 점차 거칠어지는 경향이 있다. 이는 소리의 음파가 인간의 뇌에 특정한 방식으로 작용하기 때문이다. 이러한 영향은 단지 언어 표현에만 그치지 않는다. 일상생활에서 접하는 다양한 소리, 예컨대 교통소음, 공사장의 소음 등도 정서에 영향을 미칠 수 있다. 거친 소리와 음파는 스트레스를 유발하고, 공격성을 강화할 수 있다는 연구도 있다. 따라서 우리 주변의 소리 환경이 정신 건강과 행동에 미치는 영향을 이해하고, 긍정적인 소리 환경을 조성하는 것이 중요하다.

특히 폭력적인 내용을 다루는 영화나 드라마에서 흔히 거친 언어와 욕설을 사용하는 것은 폭력성을 상징하는 하나의 방식이다. 실제로 갈등이나 다툼이 발생할 때, 거친 언어의 사용은 상황을 더욱 악화시킨다. 이러한 현상은 가정 내에서도 목격된다. 부부나 부모와 자녀가 상담실에 왔을 때 상대방을 어떻게 호칭하는가는 그들의 관계와 갈등의 수준에 영향을 미친다. 예를 들어, 부부 간에 '여보', '자기'와 같은 존중과 애정을 담은 호칭과 '야', '너' 와 같은 비공식적이거나 하대하는 호칭을 사용할 때 갈등의 수준과 해결 과정은 크게 달라진다. 비공식적이거나 하대하는 호칭을 사용하는 사람들은 그러한 언어 습관이 감정의 격화와 과격한 행동으로 이어지는 경향이 높다. 그렇기 때문에 호칭 정리를 제대로 한 이후에 상담을 시작하면 관계의 갈등이 격렬해지는 것을 예방할 수 있다.

일반적으로 거친 언어와 상스러운 말을 자주 사용하는 사람들은 성급한 성격의 소유자이며, 감정 조절에 어려움을 겪는 경우가 많다. 이러한 사람들은 자신의 필요와 욕구를 차분하게 논리적으로 표현하는 데 어려움을 느끼며, 이에 따라 자주 감정적으로 반응하고 욕설을 사용하게 된다. 이런 행동은 종종 자기중심적인 태도에서 비롯된다. 이들은 타인의 감정이나 입장을 고려하지 않고 오로지 자신의 욕구 충족에 중점을 두는 경향이 있다. 이러한 자기중심적인 사고방식은 대인 관계에서의 배려 부족과 타인에 대한 이해 부족으로 이어진다.

이와 반대로 감정 조절 능력이 높고 타인을 배려하는 사람들은 자기 생각과 감정을 더 차분하고 논리적으로 표현하는 경향이 있다. 이러한 사람들은 갈등 상황에서도 이성적으로 대응하며, 상황을 고려해 말을 선택한다. 이처럼 건강한 대인 관계를 유지하기 위해서는 감정 조절 능력을 키우고, 타인의 입장을 이해하려는 노력이 필요하다. 욕설 사용은 가벼운 것에서 시작해 점점 심해진다. 대부분 처음에는 대수롭지 않은 욕설로 시작하지만, 원하는 바를 얻지 못하면 더 센 말을 하게 된다. 욕설이 점점 심해지면서 감정이 격해지는 것은 상대방에게 나쁜 인상을 주고, 자신의 정서적 안정성도 해친다. 이런 과정은 감정을 격하게 만들고, 결국 대화의 질을 떨어뜨리고 관계에도 안 좋은 영향을 준다. 당연한 말이지만, 그러니 일상 대화에서 욕설을 쓰지 말아야겠다.

일상에서 이해하는
말더듬의 심리

겉과 속의 페르소나

업무상 도움을 받고자 준재 씨를 여러 번 만났지만, 한 번도 말을 더듬는다는 생각해 본 적이 없다. 어느 날 내 지인에게도 그분의 도움이 필요해 가벼운 식사 자리를 마련했다. 서로를 소개하고 이런저런 대화를 나누는 중에 준재 씨가 말을 더듬었다. 처음에는 그냥 대수롭지 않게 여겼는데 여러 번 더듬는 것을 보고 내 귀를 의심했다. 식사 자리가 있은 지 얼마 후에 넌지시 말을 더듬는 것 같았다고 말했더니 "내가 낯설거나 불편한 자리에 있을 때 말을 더듬어요."라고 말하는 것이 아닌가.

말을 더듬는 사람들은 흔히 있지만 보통은 남성의 숫자가 더 많다고 한다. 가족 중에 누군가 말을 더듬는 경우에 유전이 될 확률이 높다고 하는데, 말을 더듬는 사람 열 명 중 네 명은 그 이유가 불분명하다고 한다. 언어 영역을 담당하는 좌뇌 기능이 영향을 준다는 연구도 있지만 그 밖에 다양한 문제로부터 비롯된다고 알려져 있다.

가까운 사람들과 편하게 대화할 때도 '어', '음', '저기' 등 다양한 말을 자신도 모르게 더할 때가 있다. 이런 표현들은 일반적인 대화 중에 흔히 발생하지만, 말을 더듬는 사람들은 긴장하거나 불편한 상황에서 특히 빈번하게 드러난다. 이러한 경우 말고도 말을 더듬는 사람들은 좀 더 특징적인 모습이 있다. 표정이 부자연스럽거나, 어색한 침묵의 시간이 흐르거나, 정확하지 않은 발음 등이 그 예이다. 잘 말하다가 긴장되거나 불편한 상황에서는 유독 말을 더듬게 된다. 말을 더듬고 있다는 걸 깨닫고, 이를 조절하려고 하면, 오히려 말의 맥락이 뒤엉키는 경우도 많다. 그래서 면접이나 발표, 강연 등에서 어이없는 실수를 하기도 한다. 연습할 때는 잘되다가 실제 상황일 때 말을 더듬거리면 영 난감하지 않을 수 없다.

말을 더듬는 것은 전 세계 대부분의 사람이 일상적으로 경험하는 일이며, 이들 중 저명한 이들도 많다. 말을 더듬는 것으로 알려진 몇몇 유명한 인물을 살펴보면, 영국의 국왕 조지 6세가 있다. 그의 더듬는 말 문제는 영화 〈킹스 스피치〉에서 주요 테마로 다루어지기도 했다. 그다음으로 조 바이든 미국 대통령이 있다. 그는 어린 시절 말을 더듬었으며, 이를 극복하기 위해 큰 노력을 기울였다고 공개적으로 이야기한 바 있다. 영화배우 마릴린 먼로는 공개적으로 말더듬증 문제를 겪었다고 보도되기도 했다. 유명한 배우 제임스 얼 존스와 브루스 윌리스 또한 어린 시절 심각한 말더듬증 문제를 겪었다고 한다.

이처럼 말을 더듬는 사람들이 뛰어난 업적을 달성한 걸 보면 말더듬증이 개인의 성취와는 관계가 없다는 사실이 증명된 셈이다. 말더듬이 있는 배우들을 보면 평소에는 말을 더듬다가도 자신이 맡은 배역을 소화할 때는 더듬지 않는다고 한다. 이는 말더듬증의 원인이 심리적인 원인에 있다는 정보를 제공한다. 자기 모습을 그대로 드러내거나, 자기 역할을 해야 할 때 말을 더듬다가도 다른 사람의 모습으로 덧입혀질 때 그 증상이 훨씬 줄어든다는 것은 흥미롭다.

말더듬증 현상은 복잡하다. 정확한 원인은 사람마다 다르고 여러 가지 요인에 의해 영향을 받는다. 이 분야의 전문가들, 연구자들에 의하면 여기에는 유전적, 신경학적, 발달적, 환경적 요인들이 포함될 수 있다. 가족력, 신경학적인 요인, 환경 요인 등 그 이유는 다양하다. 심리적 요인 또한 말더듬증의 원인이나 유지에 영향을 줄 수 있다. 강한 스트레스나 불안 상태는 말더듬증을 악화시킬 수 있고 낮은 자아상과 자신감, 부정적인 자기 평가는 말더듬을 더 심하게 만들 수 있다. 또한 완벽하게 말해야 한다는 의사소통에 대한 압박감이나 기대가 말더듬증을 유발하거나 악화하기도 한다. 즉 심리적 요인이 말더듬증을 유발하고 지속하게 한다.

　말을 더듬는 사람들은 일반적인 수준 이상으로 민감하고 직관적이다. 이는 곧 타인의 사소한 감정선을 읽는 능력이 뛰어나다는 의미다. 그러나 이러한 예민함은 장점으로만 작용하지는 않는다. 다른 사람들을 기쁘게 해주거나, 그들의 기대에 부응해야 한다는 압박감을 비교적 더 많이 느끼기 때문이다. '이상적' 페르소나가 강렬할 때 사람들은 자신의 본모습과 다르게 대외적으로 보여주려고 만든 이미지나 캐릭터를 지키기 위해 애쓴다. 자신이 사회적으로 받아들여지기 위해 창출한 페르소나(대외적인 자아)는 실제 자신의 내면적인 자아(진짜 자아)와 충돌할 수 있다. 진정한 자아가 수용되지 않을 것이라는 두려움은 자연스러운 목소리를 내거나 말하는 데 있어서 두려움을 준다.

　개인이 느끼는 내면적 감정이나 욕구, 가치 등이 이상적 페르소나와 일치하지 않을 때, 혼란을 겪을 수 있다. 이러한 불일치는 결국 진정한 자아를 억누르게 하고, 스트레스나 불안과 같은 정서적 문제로 이어질 수 있다. 예를 들어, 한 개인이 항상 긍정적이고 좋은 사람으로 비쳐야 한다는 사회적 기대 때문에 그렇지 않은 본인의 진짜 감정을 숨기는 경우다. 이렇게 표면적으로는 이상적 페르소나를 유지하고 있지만, 실제로는 스트레스와 불안을 느낄 수 있다. 장기적으로 이러한 불일치는 스트레스, 우울증, 불안과 같은 정서적 문제로 이어질 수 있으며, 자신의 정체성에 대한 혼란을 초래할 수 있다.

자신을 남들에게 보이기 위한 무대에 익숙해지면 내가 무엇을 좋아하고, 무엇을 잘하는지, 어떠한 삶을 살아가고 싶은지에 대한 욕구를 간과하게 된다. 내가 누구인지 목소리를 낼 수단이 차단되기 때문이다. 이러한 상황은 두려움을 가중한다. 그러다가 더는 감당할 수 없는 지경에 이르게 되면 공황 상태에 빠질 수도 있다. 말을 더듬는 사람이 다른 사람의 역할로 앞에 설 때 더이상 말을 더듬지 않는 이유는 무엇일까. 아마도 자기 모습으로 존재할 때보다 타인의 역할에 충실할 때 오히려 편안함을 느끼기 때문으로 생각된다. 무대 위에 올려진 페르소나는 자신이 아니기 때문에 평가와 비난에서 벗어날 수도 있고 말이다.

두려움과 혼란스러움은 긴장감을 만든다. 긴장감은 입을 얼어붙게 만들고, 또 다른 불안을 부추긴다. 이럴수록 우리는 건강한 자아상을 회복하고, 정체성을 되찾으며, 스스로를 더 이해하려는 노력이 필요하다. 자신이 누구인지, 어떤 욕구를 지녔는지, 그리고 어떤 가치관으로 삶의 의미를 찾아갈지 고민하는 과정은 큰 도움이 된다. 사실, 우리는 누구나 말이 더듬어질 때가 있다. 돋보이고 싶을 때, 좋은 평가를 받고 싶을 때, 중요한 일을 성사

시켜야 할 때, 그럴 때일수록 말은 더 꼬이곤 한다. 그럴 때 잠시 멈춰, 내면의 소리에 귀 기울여 보자. 나는 지금 무엇을 말하고 싶은가. 어떤 내 모습을 보이고 싶은가. 그리고 그것이 나를 존중하는 말인가. 그 물음에 천천히 답해보자.

　우리는 서로의 말더듬 현상을 이해하고 따뜻하게 받아들일 수 있다. 상대방이 무엇을 말하고 싶은지 주의 깊게 들어보자. 상대방의 말을 진심으로 경청하면, 그들이 진정으로 표현하고자 하는 마음을 이해할 수 있게 된다. 이와 동시에, 스스로에게도 질문을 던지고 그 대답을 들어봄으로써 내면의 진정한 목소리를 찾아낼 수 있다. 이런 과정에서 상대방과 나, 모두의 목소리가 점점 더 분명해지고, 자신감 있게 표현될 수 있다. 서로의 말을 경청하고, 자신의 내면의 소리에 귀를 기울일 때, 우리는 더욱 건강하고 진실한 의사소통을 이룰 수 있다. 이 진실한 목소리를 통해 서로의 대화는 더 분명해지고, 자신감 있게 흘러나오게 된다. 말은 더 이상 흔들리지 않고, 진정한 자아를 드러내게 될 것이다.

말의 미로를 헤치고,
마음의 문을 열다

인지적 미러링

심문 NO!

　심문은 따지듯 묻는 방식이다. 이는 우리가 적극적으로 권장하는 '질문'과는 다르다. 질문이라는 단어의 사전적 의미 속에도 '묻다'가 포함되어 있다. 그래서 우리는 '심문'과 '질문'을 얼추 비슷한 단어로 유추하기도 하지만, 사실 차이가 크다. 대화를 할 때 누군가에게 심문받는 듯한 기분이 든다면 당연히 기분이 나쁘다. '나를 공격하는 건가?' 아니면 '내가 뭔가 잘못했나?'라는 생각이 들면서 코너에 몰리는 기분이다. 말하자면 심문이란, 원하는 정보를 얻기 위해 질문을 쏟아내는 행동에 가깝다. 정보 수집을 위한 목적이 강한 '심문'의 특성상, 심문을 당하는 당사자는 자신이 원하지 않는 개인 정보를 엉겁결에 노출하기도 한다. 특히 말솜씨가 타고난 사람에게 질문 세례를 받으면 자기도 모르게 말하고 싶지 않은 내용까지 술술 말하게 된다. 이럴 때는 어김없이 후회가 밀려온다.

내가 왜 그 얘기까지 털어놨지?

다시 주워 담을 수 없는 말을 내뱉은 나만 바보가 된 느낌이다. 말솜씨와 관계없이, 사람들은 대부분 상대방이 질문을 하거나 알고 싶어 하면 내키지 않더라도 말을 해줘야 한다는 부담감을 느낀다. 그러다 보면 결국 상대방의 속도에 결국 상대방의 속도에 휩쓸리게 되고, 대화는 후회로 끝나기 쉽다. 심문하는 사람은 원하는 목적을 이루었겠지만, 심문을 받는 사람에게는 불쾌감이 남는 대화다.

회사원 유리 씨는 입사한 지 얼마 되지 않은 신입사원이다. 회사 워크숍에서 동기들이 자기소개를 하거나 각자의 고민거리들을 풀어내기 시작했다. 옆에 있던 동기들은 적절한 피드백을 주거나 제 일인 양 고양된 의견을 주고받기도 했다. 유리 씨는 낯가림이 있는 편이라 아직은 서먹서먹한 사람들 앞에서 사적인 이야기를 꺼내는 데 주저함이 있었다. 그러나 분위기 흐름을 볼 때 다른 동기들은 스스럼없이 이야기를 이어갔다. 유리 씨는 자기 차례가 되자 뭔가 말해야 한다는 무언의 압력을 느꼈다(어쩌면 혼자만의 착각이었을 수도 있다). 그래서 어쩔 수 없이 최근의 고민을 털어놓기 시작했는데, 유리 씨가 이야기를 마치자 동기들은 이런저런 의견을 내놓기 시작했다. 궁금한 부분에 관한 질문 세례도 받았다. 유리 씨는 단편적인 이야기만을 듣고 사람들이 이러쿵저러쿵 말하는 것이 유쾌하지 않았다. 그렇다고 해서 불편한 감정을 직접적으로 표현하면 분위기를 망칠 것 같아서 아무런 말도 하지 못하고 그 시간을 버텼다. 그때의 경험은 유리 씨에게 후회와 아쉬움으로 남아있다.

위 상황을 이야기하면서 유리 씨는 자신이 느꼈던 점에 대해 말했다. 그때 동기들은 유리 씨의 고민을 진심으로 듣기보다는 '너의 고민을 해결해 줄게, 제대로 해답을 알려줄 테니, 더 많은 정보를 말해봐'라는 태도였다고 한다. 그때로 다시 돌아간다면 '저는 이제 더는 이 이야기는 이어가고 싶지 않습니다'라고 적절히 둘러대며 말할 수 있었을 텐데, 그때는 그러한 용기가 없었다며 아쉽다고 말했다.

질문 YES!

질문은 '알고 싶은 것을 묻는 것'이다. 자신의 호기심을 채우는 기능이 있기는 하지만 심문보다는 훨씬 그 강도가 부드럽다. 관계의 질을 높이기 위해서는 열린 질문이 필요하다. 개방형 대화는 답이 정해진 대화가 아니다. 개방형 대화는 열린 질문과 열린 답변이 존재하는 대화다. 상대방의 의견을 '거울'처럼 반영하고 이해하는 것이다. 이 과정에서 '인지적 미러링Cognitive Mirroring'이 중요한 역할을 한다. 예컨대 상대방이 A라는 주제에 대해 이야기를 꺼냈을 때, "아, 그래? 조금만 더 자세히 설명해 줄래?"라며 A라는 주제에 하나의 질문을 얹어준다. 이는 호기심을 확장해 상대방의 생각과 감정에 관심을 보이는 바람직한 태도이다. 상대방이 A에 대한 이야기 하나를 더 꺼냈다면 "그러면 어떻게 해 보면 좋을까. 너는 생각해 본 적 있어?"라며 상대방이 생각할 수 있는 열린 질문을 하나씩 더 얹어나간다.

질문하기를 어려워하고 답변하기를 주저하는 이유는 '정해진 해답이 있다'는 확신 때문이다. 우리나라의 주입식 교육, 즉 '정답 찾기' 학습의 영향으로 사람들은 질문을 받으면 답을 틀릴까 두려워하고, 답변을 주저하게 된다. 상대방이 말한 내용에 깊은 질문을 던지는 행동은 상대의 경험을 거울에 비추며 깊이 공감하고 있다는 의미다. 흔히들 문제를 해결하는 명쾌한 해법을 제시하는 일이 돕는 일이라고 생각한다. 하지만 이러한 해법은 수명이 짧다. 스스로 발견한 해법이 아니기 때문이다. 올바른 해답을 찾는 길은 적절한 질문을 찾는 것이다. 적절한 적절한 질문은 새로운 생각과 길을 여는 열쇠다.

'내 생각이 옳다'는 뻔한 착각은 적절한 질문과 거리

가 멀다. 상대방을 자기 관점에 따라 판단하고 확신하는 사람은 상대에게 필요한 질문을 발견할 수 없다. 더 나아가 적절한 질문이 익숙하지 않아 불편한 상황을 초래할지도 모른다. 하지만 열린 질문은 분명히 적절한 대안을 가져온다. '실은 나도 잘 모르겠는데 네 생각은 어떤데?'라는 식의 열린 질문을 통해 상대방을 포함한 자신에게도 새로운 가능성을 발견할 기회를 주자.

타인의 이해를
기대하는
자기애적 대화

투사적 동일시

상담사의 길은 길고 험난하다. 이론 공부는 물론, 실제
상담 경험을 쌓는 '상담 수련 과정'도 필수로 거쳐야 한
다. 심리적 어려움을 겪는 내담자와 대화를 나누며, 초
보 상담사들은 자신을 성장시키고, 슈퍼바이저급 전문
가의 도움을 받으며 조금씩 더 나은 상담사로 나아가
려 애쓴다. 나 역시 많은 슈퍼비전Supervision을 통해 배웠
고, 슈퍼바이저들의 조언을 받으며 성장할 수 있었다.
슈퍼비전은 경험이 많은 전문가(슈퍼바이저)가 상담
사나 다른 전문가의 업무를 지도하고 피드백을 제공하
는 과정이다. 슈퍼비전 중에 슈퍼바이저는 종종 나에게
질문을 던졌다. "선생님, 지금 이 상황을 어떻게 이해하
고 계시나요? 내담자가 이런 말을 하는데, 정말 이해가
되시나요?" 이 질문을 받을 때마다 나는 자신 있게 이
해하고 있다고 생각했다. 그러나 시간이 지나면서, 슈

퍼바이저의 끊임없는 질문에 내가 뭘 잘못 이해하고 있는 건 아닌지 의문이 들기 시작했다. 그리고 시간이 흐른 후에야 내가 놓쳤던 부분들을 깨닫게 되었다. 그 순간 '이해했다'고 생각했던 것들이 실제로는 훨씬 더 깊은 의미를 함축하고 있었다.

우리는 대체로 자신이 이해심 많고 배려 깊은 사람으로 보이기를 원한다. 이러한 모습은 상대방에게도 좋은 인상을 줄 뿐만 아니라, 스스로에게도 자긍심을 느끼게 만든다. 실제로, 배려 깊게 행동하면 상대방도 기뻐하고, 우리 자신도 그로 인해 만족감을 느낄 수 있다. 그러나 배려심이 지나치게 강조될 때는 오히려 상대방의 진정한 필요나 감정을 놓칠 위험이 있다.

또 우리는 자신의 이야기를 할 때 종종 '내가 가장 잘 알고 있다'고 생각한다. 내 이야기이니 당연히 내가 가장 잘 이해한다고 여긴다. 하지만 상대방은 반드시 그렇게 생각하지 않을 수 있다. 내가 내용을 충분히 전달하지 못하거나, 듣는 사람이 그 핵심을 제대로 이해하지 못하는 경우도 있다. 이렇게 되면 오해를 낳을 수 있고, 대화가 원활하게 진행되지 않을 수도 있다.

이러한 상황에서 중요한 역할을 하는 기법 중 하나가 바로 '명료화'이다. 명료화란 내담자가 자신의 의도를 더욱 분명하게 드러낼 수 있도록 돕는 과정이다. 이 기법은 상담에서 매우 중요한 역할을 한다. 내담자의 이야기를 들으며, 때때로 우리는 '내가 이 정도로 설명 했는데 왜 상대방이 이해하지 못할까?'라는 답답함을 느낄 때가 있다. 이러한 순간에는, 조금 더 참고 상대방에게 물어보는 용기를 내는 것이 필요하다. 예를 들어, "잠시만요, 이 부분이 잘 이해가 안 가는데요. 조금 더 설명해 주실 수 있나요?"라고 물어보면, 대화는 더욱 깊고 의미 있는 방향으로 흘러갈 수 있다.

이렇게 질문을 통해 대화를 이어가다 보면, 우리는 서로의 생각과 감정을 더 잘 이해하게 되고, 관계는 더욱 깊어질 수 있다. 중요한 것은 상대방의 이야기를 충분히 듣고 이해하려는 마음가짐이다. 대화는 단순히 말을 주고받는 것이 아니라, 서로의 마음을 나누는 소중한 과정이다.

설명을 충분히 하지 않았으면서도, 상대가 내 의도를 알아주길 기대하게 된다. 우리가 무의식적으로 '상대방이 당연히 내 마음을 알아줄 것이다'라는 자기중심적인 가정을 품고 대화하기 때문이다. 그러나 이러한 기대는 종종 실망으로 이어진다. 이런 경향을 인식하고, 상대방을 더 너그럽게 이해하려는 노력이 필요하다. 그리고 필요하다면 더 많은 설명을 추가하고, 상대방의 의견을 더 자세히 물어보는 것이 중요하다. 이렇게 하면 더 건강하고 의미 있는 대화를 나눌 수 있다. 이런 상황에서 발생하는 오해는 '투사적 동일시'라는 심리학 용어로 설명할 수 있다. 자신의 느낌이나 해석을 상대에게 투사하면서, 그도 같은 방식으로 느낄 거라 기대하는 심리적 과정이다. 이 때문에 상담사는 내담자가 경험하는 진짜 감정이나 생각을 잘못 이해할 수 있다. 예를 들면, 친구에게 좋아하는 음식을 추천했을 때 '그 친구도 분명 나만큼 그 맛을 좋아할 것'이라고 생각하는 것과 같다. 하지만 실제 그 친구가 그 음식을 좋아하지 않을 수도 있다. 이처럼 개인적 경험과 감정을 상대방에게 투사하면, 진짜 느낌과 생각을 오해할 위험이 커진다.

일상 속 상호작용에서 투사적 동일시는 친구나 가족, 동료와의 대화에서도 나타난다. 당신이 최근에 어떤 취미활동을 시작하고 그것이 생각보다 흥미롭지 않았다고 가정해 보자. 그러한 경험을 바탕으로, 친구가 같은 취미를 시작하려고 할 때, "그건 정말 지루할 거야, 나도 해봤는데 별로였어."라고 말할 수 있다. 하지만 친구에게는 그 취미가 새로운 즐거움과 흥미를 제공할 수도 있다. 또 다른 예를 들어보자. 최근에 당신이 힘든 이별을 겪었다면, 이별 경험을 한 다른 친구도 당신하고 비슷한 감정을 느낀다고 생각할 수 있다. 당신에게 이별은 아픈 경험이었다. 하지만 친구는 이별을 통해 해방감을 느꼈을 수도 있고, 새로운 시작에 대해 희망을 품었을 수도 있다. 이렇게 개인적인 경험을 다른 사람에게 투사하는 것은 그들의 개별적인 경험을 과소평가하는 결과를 낳을 수 있다. 따라서 우리는 대화를 나눌 때 상대방의 이야기에 귀 기울이고, 그들의 경험을 그들의 관점에서 이해하려는 노력이 필요하다. 투사적 동일시를 피하고 각자의 경험을 존중하자. 그렇다면 어떤 대안이 필요할까?

첫째, 자기의 감정과 타인의 감정을 혼동하지 않도록 주의한다. 예컨대 친구가 직장에서 겪은 스트레스를 토로하는 상황을 마주했다고 치자. 이때 우리는 보통 자신의 유사한 경험을 통해 친구의 감정을 이해하려고 한다. 그러나 "나도 비슷한 상황에서 매우 화가 났었어."와 같이 자신의 감정을 친구에게 투영하는 대신, 친구의 감정과 상황을 그대로 받아들이려고 노력하면 좋다. "그 상황에서 너는 어떤 느낌이었니?"라고 물어보며 친구가 직접 자신의 감정을 표현할 기회를 주는 것이다.

둘째, 상대방의 말에 진심으로 귀를 기울이기 위해 노력하는 태도이다. 예를 들어, 친구가 자신의 새로운 취미에 대해 열정적으로 이야기할 때 그냥 듣기만 하고 자신의 관심사로 대화를 돌리는 것이 아니라, 친구의 이야기에 적극적으로 참여해 주면 좋다. "그 취미가 너에게 어떤 의미가 있니?" 또는 "그 활동을 하면서 가장 즐거웠던 순간은 언제야?"와 같은 질문으로 친구가 자기 경험에 대해 더 깊이 있고 세부적으로 이야기할 수 있도록 길을 터주도록 하자.

셋째, 상대방의 말을 반영해 질문함으로써 자신의 해석이 아닌 상대방의 생각을 더 깊이 이해하려고 애써 보자. "그래서 당신은 이런 느낌을 받았다고 느끼는 건가요?" 같은 질문을 통해 상대방의 실제 감정과 생각을 확인한다.

넷째, 감정 일기를 대화 형태로 작성해 보자. 누구와 어떤 이야기를 했는지, 그 상황에서 어떤 주제가 오고 갔는지 기록한다. 그다음 대화 중 느낀 감정을 구체적으로 적는다. 또 원인을 놓고 그것이 자기 내부에서 시작된 것인지 상대방의 말이나 행동 때문인지 구분해 본다. 이후 자신의 감정에 대한 자기 반응을 기록한다. 화가 났을 때 어떻게 대응했는지, 그 대응이 상황을 어떻게 변화시켰는지 살피는 것이다. 그리고 마지막으로 자신의 감정이 실제로 자기 것인지, 아니면 상대방의 감정이(을) 자신에게 투사된 것인지(투사한 것인지) 살펴본다. 상대방이 슬퍼하는 상황에서 자기도 슬프다고 느꼈다면, 그 슬픔이 진짜 자기 것인지 확인해 보는 것이다.

각자의 경험은 고유하고 독특하다. 각자의 개별성을 인정하는 것이야말로 진정한 연결을 만든다. 모든 이야기에는 자기만의 색이 있다. 그 이야기에 귀를 기울이고 각자 가진 고유의 가치를 인정해 주는 자세가 필요하다.

5

말은
꽃보다
아름답다

맥락 속의
진심

프래그매틱스

상상해 보자. '말'이 없었다면 어땠을까. 문화와 문명은 어떻게 달라졌을 것이며, 우리는 어떤 방식으로 서로를 이해하고, 이 복잡한 사회 구조를 형성할 수 있었을까. 언어는 인류의 번성을 넘어 다채로운 문화와 문명을 발전시키는 데 중요한 역할을 해왔다. 단순한 말의 기능을 넘어서 인간의 생각과 행동을 모양 지으며 세상을 이끌어 왔다. 말은 생각을 만든다. 그리고 그 의미와 모양은 말을 사용하는 사람과 그들이 머무는 사회적 환경에 따라 다양한 뉘앙스를 띤다.

말과 언어의 사용은 단순히 소리를 내거나 정보를 전달하는 역할만 하지 않는다. 언어를 통해 상대방의 생각과 감정을 이해하고, 공유하며, 더 깊은 관계를 맺을 수 있게 한다. 이 정도 되면 언어는 개인 간 소통뿐만 아니라, 인간관계를 형성하고 유지하는 데 있어 중요한 가교역할을 하는 것에 의심할 여지가 없다.

'언어'와 '말'이라는 것은 단순히 듣기 좋은 소리의 나열은 아니다. 이것들은 우리 인간의 삶에 큰 의미를 더해준다. 삶을 더 풍부하고 아름답게 만드는 중요한 도구임이 분명하다. 말 한마디 한마디는 서로를 이해하고, 감정을 공유하며, 새로운 생각을 나눌 때 큰 역할을 한다. 프래그매틱스Pragmatics는 언어가 맥락 안에서 어떻게 해석되고 사용되는지를 연구하는 분야다. 이 학문은 말이 단순한 소리의 나열이 아니라, 사용되는 특정한 상황에 따라 다양하게 해석될 수 있음을 보여준다. 예컨대 친구와의 대화에서 "나 정말 피곤해."라고 말하는 것과, 중요한 회의에서 같은 말을 하는 것 사이에는 큰 차이가 있다. 친구에게는 이 말이 단순히 피로를 토로하는 것이지만, 업무 상황에서는 더 심각한 피로 또는 스트레스를 호소하는 신호로 받아들여질 수 있다.

　이처럼 같은 말이라도 그 말의 맥락에 따라 그 의미가 달라지고 상대방 역시 다르게 반응한다. 이러한 맥락의 중요성은 일상 대화에서도 두드러진다. 가족 모임에서 "이 집 밥 정말 최고야!"라고 말할 때의 훈훈함과, 레스토랑에서 같은 말을 할 때의 뉘앙스는 각각 다른 분위기와 감정을 전달한다. 이처럼 우리가 언어를 사용할 때는 그 말이 전달되는 상황과 청자가 어떻게 해석하느냐에 따라 달라진다. 이처럼 프래그매틱스는 말이 상황에 따라 어떻게 다르게 해석되고 영향을 미치는지를 이해함으로써 우리가 더 효과적으로 의사소통할 수 있도록 돕는다. 말 한마디가 상대방과의 관계를 더욱 돈독하게 만들 수도, 반대로 오해를 불러일으킬 수도 있으므로 맥락을 고려한 의사소통의 중요성은 더욱 강조될 수밖에 없다. 이러한 이해는 성숙하고 풍부한 인간관계를 맺을 때 도움이 된다.

　말은 개인의 내면세계를 타인에게 표현하는 창이다. 남에게 건네는 말에는 감정, 생각, 경험, 그 이상의 것이 담겨 있다. 사람은 상호작용을 통해 서로의 심리적 상태를 이해하고 공감한다. 그렇게 관계가 강화된다. 이처럼 심리적, 정서적, 인지적 상태를 반영하는 중요한 매개체, 말과 언어의 사용은 사람 사이를 가깝게 연결해 삶을 더 풍부하게 만든다. 따라서 우리는 언어와 말의 가치, 그리고 중요성을 항상 기억하며 이를 존중하고 소중히 여겨야 한다. 이러한 인식은 건강한 대인 관계와 개인의 정서적 안녕에 든든한 지지대가 되어줄 것이다.

　상담을 받으러 온 내담자에게 긍정적인 말, 격려하는 말을 건넸면, 내담자는 자신감을 회복하고, 자아존중감이 올라간다. 내담자가 자기 능력에 대해 의심할 때 "당신은 충분히 가치 있는 사람이고 해낼 수 있어요."라고 말했다고 치자. 상담사의 이 말은 내담자의 생각과 감정에 긍정적인 변화를 불러일으킬 수 있다.

반면, 부정적이거나 비판적인 말은 인간관계에 해를 끼친다. 친구나 가족 구성원 간의 대화에서 무심코 "넌 항상 실수만 해."라고 말한다면 어떨까. 이는 상대방에게 큰 상처를 주고 불필요한 갈등을 야기할 수 있다. 이러한 부정적인 말은 상대방의 자존감을 낮추고 관계의 긍정적인 기반을 약화한다. 따라서 우리는 말을 사용할 때 그 말이 타인에게 미치는 영향을 신중하게 고려해야 한다. 말은 상당히 강력한 힘을 지니고 있어서 사람의 마음과 행동에 큰 영향을 미친다. 물론, 말의 선택과 사용 방식은 상대방의 감정, 자신감, 그리고 행동에 이르기까지 깊은 영향을 미칠 수 있다. 언제나 의사소통의 중요성을 되새기며, 말 한마디에 담긴 책임을 잊지 않았으면 한다. 말은 누군가의 마음을 어루만지거나 혹은 상처를 남길 수 있는 힘을 지니고 있다. 그렇기에 우리는 말을 통해 서로의 마음을 헤아리고, 따뜻함을 전하는 길을 끊임없이 찾아가야 한다. 섬세한 표현으로 마음을 잇는 법을 늘 익히고 실천해 보자.

　선거철에는 많은 정치인이 자신을 지지해 달라며 연설한다. 처음에는 별다른 관심을 두지 않다가도, 연설을 듣고 난 뒤 마음을 바꿔 그 후보를 지지하게 되는 경우도 종종 있다. 이는 말의 힘이 우리 마음을 어떻게 움직이는지 잘 보여주는 예시다. 더 나아가 이런 현상은 말에 정보 전달 이상의 역할이 있다는 걸 의미하기도 한다. 후보들은 연설을 통해 자기의 생각과 가치를 표현하고 청중의 감정과 생각에 호소한다. 청중이 설득되어 마음을 바꾸는 순간은 대부분 신념 및 가치관이 그들의 말과 맞닿을 때다. 이처럼 말은 사람의 생각과 태도, 심지어 행동까지 변화시킨다.

면접시험과 같은 중요한 상황에서도 말의 힘은 크게 드러난다. 면접을 보는 사람이 자신을 어떻게 표현하고 어필하는지에 따라 면접관의 평가가 달라질 수 있다. 면접자가 자기 경험과 능력을 자신감 있고 명확하게 표현한다면, 면접관은 그 사람의 말에 설득되어 그를 높이 평가한다. 면접자가 말을 어떻게 구성하고 전달하는지에 따라 면접관은 그 사람의 능력, 태도, 적합성까지 읽기 때문이다.

말은 사람의 성격과 마음에 큰 영향을 미친다. 좋은 말이나 아름다운 말을 사용하는 사람은 그 말들이 마음에 스며들어 더 착하고 따뜻한 사람으로 변화한다. 긍정적인 말은 마음을 밝고 아름답게 만든다. 반면, 나쁜 말이나 거친 말을 자주 사용하면 그 말들이 마음과 행동에 영향을 미쳐 성격이 점점 변할 수 있다.

아기가 태어나면 부모는 아기에게 이름을 지어준다. 세상에 태어나 평생 불리는 '이름'에는 부모의 기대와 바람이 담겨 있다. 예쁜 이름, 출세할 이름, 성공할 이름, 권세를 얻을 이름, 사랑받을 이름 등 다양한 의미가 이름에 담긴다. 때로는 부모나 집안 어른이 이름을 지어주기도 하고, 큰돈을 들여 전문가에게 이름을 짓는 경우도 있다. 딸이 어렸을 때, 나에게 '선생님'이라고 부른 적이 있다. 딸은 다른 사람들이 나를 선생님이라 부르는 걸 보고 따라 말한 것이다. 처음 그 말을 들었던 순간을 생각하면 솔직히 당황스러웠다. 순간적으로 내가 정말로 딸의 선생님이 된 기분이었다.

이처럼 우리는 말에 따라 다른 역할과 마음가짐을 가지게 된다. '선생님'이라는 말을 들으면 선생님으로서의 마음가짐이 생기고, '엄마'라고 불릴 때는 엄마로서의 마음가짐이 생긴다. 이렇게 말은 우리가 가지고 있는 역할과 태도에 영향을 미치며, 우리를 그 말이 가진 의미에 맞는 사람으로 변화시킨다. 말은 단순한 소통의 도구를 넘어, 우리가 다른 사람들에게 어떻게 인식되고 평가되는지에 영향을 미친다. 따라서 말의 선택과 사용 방식은 중요하다. 말 한마디가 사람의 마음을 움직이고, 그들의 선택과 결정에 영향을 미칠 수 있다.

수다,
공감이 되다

라포르

우리가 하는 말은 수다가 되기도 하고, 공감이 되기도 하고, 설득이나 간섭이 되기도 한다. 최근에 아는 지인들과 오랜 시간 수다를 떨었다. 무려 여덟 시간 동안이나 말이다. 우리가 헤어진 것은 이야기 재료가 떨어져서가 아니라 밤이 깊어졌기 때문이었다. 이런 경험은 수다를 좋아하는 사람들 사이에서 흔한 패턴이다. 헤어지면서 '못다 한 이야기는 전화로 하자'며 대화가 끊어짐에 대한 아쉬움을 전했다. 이야기 내용 중에는 대수롭지 않은 내용도 있고, 다른 사람들에 대한 이야기도 포함되었다. 이러한 대화는 달콤하고, 또 매력적이다. 대화를 통해 공통의 주제와 관심사를 공유할 수 있고, 서로의 친밀감을 더욱 깊게 만들 수 있기 때문이다.

또한 새로운 정보를 교환하며 서로에 대해 더 많이 알게 되는데, 그 과정에서 안정감을 느끼게 된다. 단순한 수다를 넘어서서 사람 사이의 관계를 더욱 튼튼하게 하는 소중한 시간이 된다. 예를 들어, "안녕하세요.", "우리 다음에 밥 먹어요." 같은 가벼운 인사는 얼핏 보면 큰 의미가 없어 보일 수 있지만, 사람들이 습관처럼 주고받는 데는 다 이유가 있다. 더 안전한 관계 즉, 조금 더 안심이 되는 관계를 원하기 때문이다. 구체적으로 말해 보자면, 위로의 말을 들 수 있다. 위로의 말을 하기 위해서는 위로의 대상이 겪은 일에 대한 공유가 선행되고, 경험한 것에 대한 느낌까지 공유된다. 결국 위로의 말은 공감으로 이어지게 된다.

상담 과정에서 라포르Rapport 형성은 상담의 성공을 좌우하는 중요한 요소이다. 라포르는 상담자와 내담자 간에 형성되는 친밀감과 안전감을 의미하며, 이는 대화를 통해 자연스럽게 깊어지는 심리적 유대감이라고 할 수 있다. 대화를 할 때 해결책과 대안을 제시하기보다는 먼저 안정감과 안전함을 제공해야 한다. 상담자는 먼저 내담자에게 신뢰감을 주어야 하고, 그 신뢰를 바탕으로 라포르가 형성되면서 내담자는 '이 사람과 더 이야기하고 싶다'는 느낌을 받게 된다.

상담 중 라포르를 형성하는 과정은 매우 섬세하다. 예를 들어, 상담자가 내담자의 이야기에 귀 기울이며 "그랬군요. 그 상황에서 그렇게 느끼셨을 때 정말 힘드셨겠어요."와 같은 공감적 반응을 보일 때, 내담자는 자신의 감정과 경험이 이해받고 있다고 느끼고 더 많은 이야기를 나눌 마음이 생긴다. 이런 순간들은 내담자에게 상담자를 신뢰하게 만들고, 그들의 마음속 깊은 이야기를 안심하고 털어놓게 한다.

상담자가 말을 사용할 때 그 말이 얼마나 따뜻하고 포용적인지가 중요하다. 상담자의 언어 선택은 '나를 노출하는 것이 위험하지 않다'는 것을 내담자에게 보여줄 수 있어야 한다. 예컨대 내담자가 실패에 대해 이야기할 때, "그런 경험을 하셨다니 정말 힘드셨겠어요. 그런데 그 안에서도 귀하게 얻은 교훈이 있으실 거예요."라고 말하면, 내담자에게 위안과 희망을 줄 수 있다. 또한 단순한 공감을 넘어 내담자가 자신의 경험을 새로운 시각에서 바라볼 수 있게 돕는다.

안전감이 확보된 상담 관계에서 내담자는 두려움 없이 자신의 깊은 감정과 생각을 나눌 수 있으며, 상담자는 이를 바탕으로 더욱 효과적인 도움을 제공할 수 있다. 상담자와 내담자가 함께 만드는 이 안전한 공간은 내담자에게 자기 자신을 대하는 태도, 그리고 세상을 대면하는 방식을 변하게 만든다. 라포르는 일상에서도 깊은 관계를 형성하는 데 필수적이다. 예를 들어, 친구가 최근 직장에서 겪은 어려움에 관해 이야기하는 상황을 상상해 보자. 이때 당신이 그저 경청하는 것만으로도 친구는 큰 위안을 받을 수 있다. 친구의 이야기를 주의 깊게 듣고 고개를 끄덕이거나 때로는 손짓을 사용해 반응을 보이며 "그런 경험을 하다니 정말 힘들었겠다. 나도 비슷한 상황을 겪어봐서 얼마나 답답했는지 알아. 그때 내가 해본 방법은…" 이렇게 말하며 자기 경험을 공유하는 방식이 대표적이다. 상대의 감정을 공감하고 자신의 경험 역시 솔직하게 나눈다면 그 공간을 안전하고 따뜻하게 만들 수 있다. 이 과정에서 상대방은 당신이 자신의 상황을 이해하며 공감하고 있다고 느끼면서 대화에 더욱 마음을 열게 된다. 그리고 긍정적인 피드백과 공감적인 반응은 친구에게 더 큰 안도감을 줘서 생각과 감정을 터놓게 만든다.

이런 교류는 서로에게 심리적 안정감을 제공하며, 오랜 시간 동안 기억에 남는 깊은 관계의 초석이 된다. 따라서 이러한 의사소통 방식은 단순한 상호작용을 넘어서 서로의 삶에 긍정적인 영향을 끼치며, 각자가 자신의 감정과 경험을 더욱 풍부하게 이해하고 성장할 수 있는 기회를 제공한다. 원만한 관계를 이어가기 위해서는 대화가 잘 통해야 한다. 다툼이 생기고 오해가 생길지라도 대화를 통해 잘 풀어내기만 하면 관계는 지속적으로 유지될 가능성이 높다. 그러나 대화로 풀어내지 못하는 관계는 오래가지 못한다. 연애하고, 사업하고, 누군가를 도와주고, 힘이 되어주기 위해서는 대화가 잘 통해야 한다. 그래야 결과도 좋다.

대화의 품질은 말투, 표정, 신체 언어, 전반적인 분위기에 의해서도 크게 영향을 받는다. 예를 들어 친구가 스트레스받은 일을 이야기하는 상황에서 당신이 편안한 몸짓과 따뜻한 눈빛으로 반응한다고 치자. 이는 곧 친구가 자기의 감정을 더 자유롭게 표현하도록 격려하는 신호탄이 되어줄 것이다. 당신이 고개를 끄덕이거나 적절한 순간에 손을 잡아주는 등의 신체적 접촉은 친구에게 위로와 지지를 전달하는 효과적인 방법이다. 반대로, 팔짱을 끼고 무표정한 얼굴로 대화에 임한다면, 당신이 대화에 별로 관심이 없거나 불편함을 느끼고 있다는 신호다. 그러한 태도가 계속되면 상대방이 자신을 개방하는 데 부정적인 영향을 미칠 수 있다.

대화의 분위기도 중요하다. 대화를 나누는 장소가 편안하고 조용하며 개인적인 공간이라면 대화는 더 길고 심도 있게 이루어질 가능성이 높다. 반면, 시끄럽고 사람들이 많은 곳에서는 서로의 목소리에 집중하기 어렵고, 개인적인 주제에 대해 이야기하기 꺼려질 수 있다. 이처럼 말투, 표정, 신체 언어, 대화의 분위기는 모두 대화의 질을 결정짓는 중요한 요소로 작용한다. 이러한 요소에 주의를 기울이고 적절히 조절함으로써, 당신은 상대방과의 관계를 강화하고 더 깊은 의사소통을 이룰 수 있다.

상대방이 이야기를 충분히 할 수 있는 장을 마련해준다면 친밀감은 배가 된다. 만약 상대방이 경계심이 높다면 대화에 진전이 없을 수밖에 없다. 난감한 경우라도 조금 더 대화를 원활히 풀어나가기 위해서는 상대방의 감정을 공유하는 것이 중요하다. 성급한 공유는 오히려 상대에게 거부감이나 불쾌감을 느끼게 할 수 있으므로 조심하자. 상대방이 무엇을 중요하게 생각하는지, 관심 주제는 무엇인지, 무엇을 말하고자 하는지에 대한 깊은 이해가 필요하다. 관심사, 취미, 가치관, 신념 등과 같이 작은 것부터 점진적으로 거리감을 좁혀가 보자. 처음부터 상대방의 내밀한 가치관이나 신념 등에 대해 공유를 시도하기보다는 일상적이거나 사소한 일에 대한 공유를 시도하는 것이 안전하다. 이야기가 좀 더 진전이 되어가다 보면 상대방이 중요하게 생각하는 주제로 화제가 옮겨가기 때문에 조급해할 필요는 없다. 그 시기는 오로지 상대방이 정하도록 내버려 두어야 한다.

 가벼운 이야기에서 중요한 주제로 넘어갈 때는 침묵이 흐를 수 있다. 이럴 때, 침묵을 견디지 못하고 서둘러 끼어들면 분위기를 망칠 수도 있다. 적절한 순간을 잘 버티기 위해서는 상대방의 이야기에 관심을 가지고 주의 깊게 듣는 것이 중요하다.

상황

 준구와 민기는 함께 저녁을 먹으며 일상적인
 대화를 나누는 중이다. 가볍게 시작한 대화는

근황 이야기에 접어들기 시작했는데, 준구가

최근에 겪은 가족 문제에 대해 언급하기

시작하면서 분위기가 심각해졌다.

민기 지난 주말에 새로 오픈한 그 카페에

가봤어. 커피가 정말 맛있더라고.

준구 오, 좋겠다. 나도 시간 나면 가봐야겠어!

(잠시 멈칫하며) 사실, 요즘 집안 분위기가 좀

그래. 아빠가 병원에 자주 가시게 돼서 많이

힘들어. (침묵이 흐르고, 준구는 조심스럽게 자신의

감정을 표현했으며, 민기는 준구의 눈을 조용히 바라보고

있다.)

    침묵을 존중해 줘야 하는 순간이다. 민기는 서두르지 않고, 준구가 자신의 감정을 정리할 시간을 준다. 고개를 끄덕이거나 손을 잡는 등의 비언어적 지지를 보여주면서 준구가 더 말할 준비가 되었음을 느낄 수 있게 한다. 준구가 다시 말을 이어가기 시작하면, "그랬구나, 정말 많이 힘들었겠다. 그 상황에서 느낀 감정을 나눌 수 있으면 좋겠어."라고 말하며 감정을 공유할 수 있는 여지를 제공하면 좋다. 이러한 대화를 할 때 침묵은 상대방의 생각과 감정을 헤아릴 수 있는 소중한 순간이다. 침묵을 조심스럽게 존중하고 활용함으로써, 민기는

준구가 좀 더 깊은 주제들에 대해 마음을 열고 편안하게 이야기할 수 있는 안전한 공간을 만들어 줄 수 있다. 이러한 절제된 대화의 미학은 두 사람 사이의 라포르를 깊게 다지고, 서로에 대한 신뢰와 이해를 더욱 깊게 해 더욱 풍부하고 따뜻한 관계로 발전시키는 데 중요한 역할을 한다.

상대방이 이야기하는 주제에 대해 하고 싶은 말이 있어도 잠시 보류하고 상대방이 이야기의 주체자가 되도록 양보하자. 만약 내가 그 주제에 대해 많은 지식과 정보가 있다는 이유로 이야기를 너무 많이 이어가게 되면, 상대방은 지루해지고 흥미를 잃을 수도 있다. 상대방의 이야기에 집중하되 상대방의 주도권을 빼앗지 않도록 조심하자. 이러한 과정이 진행되는 동안 상대방은 내가 얼마나 신뢰감 있고 안전한 사람인지를 차츰 확인하게 된다.

인생 각본으로
이해하는
내면의 목소리

각본 속 신념 찾기

미국의 정신의학자 에릭 번Eric Berne의 상호교류분석 이론에서는 '각본Script'이라는 개념이 등장한다. 여기서의 각본은 어릴 때 만들어진 삶의 계획과 같은 것이다. 생각해 보면 우리는 어린 시절부터 부모님이나 주변 사람들로부터 여러 가지 메시지를 받으며 자란다. 이런 메시지들은 우리가 세상을 보고 자아를 인식하는 방식에 영향을 준다.

어린 시절 부모님이 "넌 항상 최고여야 해."라고 자주 말했다면, 무의식적으로 항상 최고가 되어야 한다고 생각하며 살게 될 수 있다. 이런 생각들이 모여 각본이 만들어진다. 즉, 어린 시절부터 형성된 이런 신념들이 살아가는 방식을 결정짓는다. 그리고 삶에서 일어나는 일들은 종종 이 각본을 뒷받침하고 정당화한다. 어린 시절부터 항상 최고여야 한다고 배웠다면, 성인이 되어서도 계속 최고가 되기 위해 노력할 테고, 성공할 때마다 '나는 정말 최고여야 한다'는 신념이 강화된다.

우리는 태어나는 순간부터 자신만의 각본을 작성하기 시작한다. 이 인생 스크립트는 네 살이 되면, 삶이 어떻게 전개될지, 어떤 인물로 성장할지에 대한 기본적인 줄거리가 정해진다. 일곱 살이 되면, 핵심 내용이 좀 더 세부적으로 발전한다. 이 시기에 자신의 역할, 신념, 삶에 대한 기본적인 태도를 형성한다. 청소년기에 접어들면, 각본에 추가적인 내용을 채우면서 더 세밀하게 다듬는 과정을 거친다. 이 과정에서 겪는 다양한 사건들과 감정들이 각본에 반영된다. 이른바 업데이트다. 성인이 되면, 각본의 초반 부분은 점차 기억에서 멀어진다. 어린 시절 작성한 각본의 구체적인 내용을 정확히 기억하기 어렵지만, 그 각본대로 삶이 전개된다. 각본은 어린 시절 부모님으로부터 받은 메시지를 바탕으로 형성된다는 점을 기억하자. 이에 따라 극단적인 성향을 보일 수 있다. 말을 배우기 전 어린 시절부터 각본이 형성되었기 때문에, 어린이만의 독특한 사고방식과 감정에 크게 의존한다.

각본은 크게 세 가지 유형으로 나눌 수 있다. 승자 각본, 패자 각본, 그리고 비승자 각본이다. 승자 각본은 우리가 정한 목표를 이룬 사람들의 이야기다. 승자 각본에 속하는 사람들은 자신이 세운 목표를 달성하며 성공의 길을 걷는다. 하지만 목표를 달성했어도 스스로 만족하지 못하고 불만이나 스트레스를 느낀다면, 이런 사람도 패자 각본에 속할 수 있다. 패자 각본은 어린 시절의 불행한 경험이나 자기 자신을 제한하는 생각에 영향을 받아 '나는 어떤 일을 해도 실패할 거야'라고 생각하는 사람들의 것이다. 이들은 부정적인 예상에 따라 삶을 살아가게 된다.

비승자 각본은 승자와 패자 사이에 있는 사람들의 것이다. 이들은 하루하루를 살아가면서 큰 승리나 패배, 위기를 겪지 않는 평범한 삶을 산다. 이런 각본을 가진 사람들은 일상적이고 안정적인 삶을 추구한다. 각본에서 중요한 부분을 차지하는 것은 '보채는 나'이다. '보채는 나'로 인해 우리는 일을 완결할 수 있으며, 나태해질 때 채찍질을 가하기도 한다.

더 완벽해져야 해.

다른 사람들을 제대로 만족시켜야 해.

더 많이 노력해야 해.

느긋해지면 안 돼, 어서 서둘러야 해.

약해져서는 안 돼, 더 강해져야 해.

어릴 때부터 부모의 반응을 지켜보며 이렇게 형성된 '보채는 나'의 각본은 삶 속에서 계속 강화되며, 결국 우리가 선택하는 삶의 방향을 결정짓는다. 성실하고 착하게 굴어야 하며 다른 사람을 만족시켜야지만 사랑받는다는 결론을 내리는 것이다. 이렇게 함으로써 자신을 끊임없이 보채게 되고 결국은 '내가 이렇게 하지 않으면 사람들은 나를 떠나갈 거야, 나를 미워할 거야'라는 원칙이 생겨난다.

매사에 서두르는 사람은 이로 인해 탁월한 행동력을 얻었을 것이다. 끊임없이 노력하는 사람은 성실한 사람으로 평판이 나 있을 것이며, 다른 사람의 필요를 알고 만족시키는 법을 터득한 사람은 누군가를 쉴 새 없이 돕거나 중재하는 역할을 하고 있을 것이다. 이렇듯 자신의 내면에 어떤 각본이 형성되어 보채느냐에 따라 신념은 굳어진다. 더 강해지고, 더 완벽해지기 위해 자신의 실수나 허점을 드러내는 것을 피하려 한다.

신념은 간단한 구조와 표현을 가지고 있지만 절대적 확신을 요구한다. 이러한 신념은 '항상', '결코'라는 단어들을 포함하고는 한다. '항상 완벽해야져여 해, 항상 강해져야 해, 항상 성공해야 해' 같은 각본에 따라 자신을 보채는 사람은 나름의 이유와 해명을 가지고 있다. 어떤 때는 매우 타당해 보일 수 있지만, 실제로는 원칙과 규칙을 지키기 위한 명목에 지나지 않는다. 자신이 믿는 신념에 따르지 않을 때 큰 문제가 생길 것이라는 두려움에 그 이유를 찾는다. 스스로를 계속해서 재촉

하는 각본을 가진 사람은 마음의 여유를 잃기 쉽다. 사실 우리는 충분히 숨을 쉬고 여유롭게 살 수 있는데, 이러한 각본이 우리가 편안하게 살아가는 것을 방해한다. 그렇다면 자신을 쉬지 않고 보채게 만드는 신념은 무엇인지 적어보자.

나는 ~해야만 한다

_____

_____

나는 ~해서는 안 된다

_____

_____

흔히 사용하는 말 속에는 오래 묵은 신념이 묻어 있다.

그렇게 하면 안 돼!
어쩔 도리가 없어!
당연히 그래야지!
어떻게 그럴 수 있어?
그게 말이 돼?

자기도 모르게 변명을 하게 되는 것은 때로는 자기

자신을 다독이려는 의도가 있다. 좋은 의도인 듯 보이지만 결과는 논리적이지 않다. 이러한 자기 미화는 무의식적인 생각 게임의 일부다. 자신의 관점에서 최선을 다하고 있다고 느끼기 때문에, 스스로 옳다고 여긴다. 때로는 타인에게도 자신의 신념을 요구한다. 오래 묵은 신념 대신 새로운 신념을 수용하는 연습을 해보자.

> 나는 완벽해져도 되고 좀 부족해도 된다.
>
> 나는 강해져도 되고 어떨 때는 약해져도 된다.
>
> 나는 규칙을 지켜도 되고 가끔 지키지 않을 수도 있다.
>
> 나는 열심히 살지만 가끔은 게을러도 괜찮다.
>
> 나는 다른 사람의 부탁을 들어줄 수도 있지만 거절할
>
> 수도 있다.

남의 일에
참견하면
불행해져요

심리적 동형성

나이 든 어르신이 젊은이들에게 조언을 해주는 것은 매우 긍정적인 일이다. 그들의 경험은 귀중하며, 인생을 먼저 살아본 사람으로서의 지혜가 담겨 있기 때문이다. 결혼을 앞둔 이들이나 2세 계획을 세우는 사람들에게 가족이나 선배로서 의견을 나누는 것 또한 바람직하다. 자녀들의 진로나 직업 선택에 대한 조언도 마찬가지로 중요하다. 그러나 조언이 너무 지나치면 참견으로 변질될 수 있다. 어르신의 조언이 지나치게 되면 그것은 잔소리로 여겨질 수 있고, 결혼이나 자녀 계획과 같은 개인적인 결정에 대해 사회적 압력으로 느껴질 수 있다.

가족이라는 이유로
같은 회사 동료라는 이유로

선배와 후배 사이라는 이유로

부모와 자식이라는 이유로

우리는 가끔 자신과 타인의 생각이 같아야 한다고 느낀다. 그러면 인정받는 기분이 들고, 상대방에게 도움이 되는 것처럼 느껴지기도 한다. 또 생각이 같으면 관계가 더욱 단단해지고, 공동체의 유대가 강화된다는 생각을 하기도 한다. 그러나 관심이라고 생각했던 것이 참견이 되고, 배려가 참견이 되며, 존중이 참견이 될 때 갈등이 생긴다. 남의 일에 지나치게 개입하면 결국 서로에게 불행을 가져올 수 있다.

오늘 당신은 무슨 일에 참견하고 있나요?

남의 일에 참견하는 행동은 종종 친절하고 도움이 되고자 하는 마음에서 비롯된다. 다른 사람의 어려움을 보고 걱정하며 돕고자 하는 마음 말이다. 그래서 스스럼없이 조언하거나, 고민 끝에 해결책을 제시하기도 한다. 일부는 우월감으로 참견할 수도 있지만, 대다수는 관심과 따뜻한 마음이다. 그 마음속에는 서로의 마음을 잇고자 하는 조용한 소망도 들어 있다. 하지만 상대방의 경계를 침범하면 갈등이 시작된다. 상대방이 원하는 만큼만 다가가고, 원하는 만큼만 조언해야 한다.

사람은 저마다 자연스럽게 자신의 '심리적 동형성 Psychological Isohomostasis'을 유지하려는 경향이 있다. 개인이 자신의 심리적 상태를 일정하게 유지하려는 내적 동기를 일컫는다. 이는 마치 우리 신체가 일정한 체온이나 혈압을 유지하려는 호메오스타시스Homeostasis와 유사하다. 몸처럼 마음 역시 내적·외적 스트레스로부터 자신을 보호하려는 본능적인 욕구가 있다.

가끔은 친구나 가족의 잘 의도된 조언, 참견이 우리의 심리적 균형을 흔들어 놓을 수 있다. 이럴 때 우리는 외부 요인에 저항하면서 자신의 감정과 결정을 지키기 위해 노력하게 된다. 스스로 결정을 내리고 싶을 때는 이런 조언이 과할 수 있다. 이와 같은 상황에서는 상대의 말을 조심스럽게 경청하는 태도도 물론 중요하지만, 자기 내면의 목소리에 귀를 기울여 균형을 잡아야 한다. 이렇게 심리적 동형성을 유지하며 자신만의 길을 걸어갈 때 진정한 자율성을 발휘할 수 있고, 마음의 평화 역시 얻을 수 있다.

사람의 마음은 때때로 통제가 어렵다. 말하다 보면 감정이 격해지기도 하고, 때로는 강력하게 요구하거나 강압적으로 밀어붙이게 되기도 한다. "넌 반드시 이렇게 해야 해. 이게 최선이야. 내 말을 따르면 후회하지 않을 거야." 같은 말들이 점점 더 강하게 들릴 수 있다. 원하지 않는 강한 자극에 불편함을 느낄 수도 있다. 처음에는 참고 들어보지만, 결국은 참을 수 없게 되어 감정이 폭발할 수도 있다. 이런 상황은 서로의 의사소통에 부정적인 영향을 미치며, 이해와 공감의 부족을 드러내기도 한다. 뜻밖의 반응을 접한 상대방은 "얘는 말해줘도 난리야."라며 화를 낼 수 있다. 결국 누군가를 돕고자 했던 시도가 갈등으로 끝나는 것이다. 좋은 의도로 시작했던 말이 오히려 해가 되는 상황이 발생한다.

인간은 기본적으로 최대한의 안전을 추구한다. 내적으로든 외적으로든 모든 일을 자신에게 유리한 방향으로 에너지를 모으려 한다. 그렇게 해야만 최선의 선택을 할 수 있기 때문이다. 타인의 일에 참견하는 순간, 타인의 개인적인 공간 안으로 들어가는 것이다. 무심코 남의 일에 너무 깊이 관여하고 있지 않은지 되돌아보자. 강조하지만 참견은 상대방이 도움이나 조언을 요청하지 않았음에도 불구하고, 그들의 세계에 들어가는 것을 의미한다. 내가 하는 걱정이 상대방을 위한 것인지, 아니면 나의 불안감 때문인지, 또는 상대방에게 정말로 충고가 필요한지, 혹시 내 생각을 확인하려는 것은 아닌지, 곰곰이 생각해 보자. 혹시 원치 않는 상대에게 해결책을 제시하고, 그대로 따르라고 요구하고 있지는 않은지 돌아보자. 서로 자유롭고 행복하기를 원한다면 각자 자신의 길에 충실하면 된다. 그뿐이다.

말의 소품,
감탄사!

수치심 해독제

우리는 말을 통해서 상대방과 연결된다. '연결'이라는 단어 속에는 이곳과 저곳을 잇는다는 '다리'의 의미도 있지만, 두 가지 이상의 어떤 요소가 서로 접촉하고 상호작용해 결합한다는 뜻도 있다. 이 과정에서 서로에 대한 정보를 주고받기도 하고 새로운 기능 자체가 추가되기도 한다. 연결은 언어의 교환을 넘어서 내면에서 일어나는 다양한 감정적, 정신적 동요를 이해하고 공감하는 일이다. 상대방의 말 한마디에 기쁨을 느낄 수도 있고, 슬픔이나 실망을 경험할 수도 있다. 여기서 중요한 것은 이러한 감정적 교류를 통해 우리는 더 인간적이고, 성숙해지며, 서로에 대한 이해와 존중의 깊이를 더해 간다는 점이다.

말을 통한 연결은 우리가 누구인지, 또 무엇을 중요하게 생각하는지를 반영한다. 말 속에 담긴 깊은 의미와 감정에 관심을 가지면 타인을 더 깊이 있고 풍부하게 이해하게 된다. 이러한 연결은 치유의 경험으로 이어질 수 있는데, 현재 겪고 있는 문제나 갈등을 더 명확하게 인식해 해결의 실마리를 찾을 수 있기 때문이다.

존중

존중은 말 속에서 증명되는데, 존중이 담기지 않은 대화를 하게 되면 사람 사이의 연결이 끊어지게 되고, 이내 생명력을 잃게 한다. 서로에 대한 정보만 캐묻다가, 혹은 예의만 겨우 지키다가 중단되는 것이다. 상대의 말에 맞장구를 치거나 동의하라는 의미가 아니다. 상대를 귀하게 여기라는 뜻이다. 타인의 존재와 노력을 존중하자. 존중은 우리가 사용하는 말 속에서 분명하게 드러난다. 상대를 이해하는 반응을 보이면서 존중을 표현해 보자.

당신이 그렇게 행동하는 이유가 그런 거군요.
당신이 그럴 수밖에 없었던 이유가 있었을 거예요.

수치심 해독제

수치심은 어느 순간에든 불쑥 찾아올 수 있는 감정이다. 사회적 기준에 도달하지 못할까 두렵거나 다른 사람의 인정과 공감을 받지 못한다거나 자신의 고유한 경험이 타인에게 부정당하거나 무시될 때, 수치심을 느낀다. 이런 감정은 순간적으로 우리를 휘감아, 자신을 방어적이고 움츠러들게 만들며, 때로는 대화 속에서 자신을 감추고 싶어지게 한다.

대화 중 수치심을 느끼는 순간은 생각보다 흔하고, 그 양상도 다양하다. 내 의견이나 경험이 다른 사람의 것과 다를 때 그 차이에서 오는 수치심으로 당황하기도 한다. 혹은 내가 표현한 생각이나 경험이 상대방에게 거부당하거나 잘못 해석될 때도, 자존심이 상하고, 수치심이 든다. 이는 인간의 본능적인 반응이지만, 그 순간이 오면 누구나 불편하고 혼란스러워진다.

그렇다면 어떻게 이 수치심을 해독할 수 있을까? 여기서 중요한 것은 상대방의 말이나 경험을 인정해 주고, 그럴 만한 이유가 있었다고 존중해 주는 태도다. 상대방이 실수나 잘못된 판단을 했을 때, 그 사람의 상황과 감정을 이해하고 공감하는 말을 건네는 것은 그들에게 큰 위로가 된다.

당신의 입장이라면 저도 비슷하게 행동했을 것 같아요.

그럴 때는 그렇게 느끼는 게 당연하죠.

그 상황이라면 누구라도 그렇게 했을 거예요.

연구에 따르면, 존중과 공감을 담은 말은 상대방의

두뇌에서 긍정적인 반응을 일으키고, 스트레스를 줄여주며, 수치심을 완화하는 데 큰 도움이 된다. 이러한 반응을 유도하는 일은 단순한 말 한마디에서 시작된다. 상대방의 말에 공감하고 경험을 인정해 줄 때, 그 사람은 자신이 존중받고 있다고 느끼게 되며, 그 결과 수치심은 자연스럽게 사라지게 된다. 이는 인간관계에서 신뢰와 안전감을 형성하는 중요한 요소로 작용하며, 궁극적으로 더 깊은 연결을 만들어낸다.

심리학자 브레네 브라운Brené Brown은 수치심에 대한 연구에서, 수치심이 치유되려면 공감과 이해가 필요하다고 강조한다. 상대방이 자신이 처한 상황에서 느낀 감정을 이해받는 순간, 그들은 더 이상 자신을 비난할 필요가 없게 된다. 오히려 그 경험을 통해 성장하고, 더 나은 선택을 할 수 있는 힘을 얻게 된다.

이처럼 상대방을 향한 존중의 말은 원활한 의사소통은 물론 깊은 치유와 연결의 도구로 작용한다. 수치심을 해독하는 것은 단순히 부정적인 감정을 해소하는 데 그치지 않고, 그 감정을 통해 서로 더 이해하고, 신뢰를 쌓아가는 과정이다. 그리고 이 모든 것은 작은 말 한마디에서 시작된다.

감탄사

여기에 하나 더, 감탄사라는 소품을 활용하면 좋다.

본디 소품이란 밋밋한 공간을 꾸미는 데 있어 한몫하는 요소가 아닌가. 소품은 그 자체만 두고 보면 별것 아닐 수 있지만, 전체 공간의 분위기와 스타일을 결정짓는 큰 역할을 한다. 공간에 생명을 불어넣고, 그 공간이 드러내는 이미지에 결정적인 메시지를 남긴다. "아! 그렇군요.", "오! 정말요?"처럼 감탄사를 넣어 말해보자. 이러한 감탄사를 듣는 사람은 충분한 공감을 얻어냈다는 뜻으로 받아들여 기분이 좋아진다. 서로의 연결이 견고해짐은 덤이다.

정말 대단해요. 그 일이 그렇게 멋졌군요.

그 정도였는지 정말 놀라워요.

그런 일이 있었다니. 정말 흥미롭네요.

'와!'는 단순한 감탄이 아니라, 상대방이 느낀 것, 경험한 것, 생각하는 것들에 대한 존중이다. 이처럼 감탄사는 사람들이 자신의 감정을 표현하고, 다른 사람과의 관계에서 의미 있는 연결을 만드는 데 중요한 역할을 한다. 대화의 공간을 더 아름다운 곳으로 탈바꿈하고 싶다면 가벼운 감탄사를 사용해도 좋다.

지배 성향

지배 성향을 가진 사람들은 종종 대화에서 주도권을

쥐려 한다. 이들은 다른 사람의 말을 자주 끊고, 자신의 목소리를 더 크게 높이며, 무의식적으로 상대를 위축시키는 행동을 보인다. 비언어적 신호, 예를 들면 날카로운 눈빛이나 강한 몸짓을 통해 상대방이 위축되게 유도한다.

흥미로운 점은, 이들이 대화를 중간에 가로채는 순간이 일반적으로 매우 짧다는 것이다. 마치 순간적으로 대화의 흐름을 장악하고, 자연스럽게 자신의 말로 이어가려는 듯 보인다. 그리고 이들은 말을 할 때 망설임 없이 '음', '예', '와', '아', '참'과 같은 짧은 감탄사를 효과적으로 사용해 자신감 있는 태도를 더욱 강화한다. 이런 사람들은 말하는 순간마다 자신이 생각하는 바를 분명히 전달하려고 노력하며, 그 과정에서 자연스럽게 자신감을 드러낸다. 지배적인 사람들은 대화 속에서 감탄사를 활용해 자신을 표현하는 능력이 탁월하다. 자신감 있는 태도로 다른 사람을 압도하면서 그만큼 자신의 의견을 강하게 전달한다. 대화에서의 지배 성향은 단순한 성격의 발현이 아니라, 상대방에게 자신을 어떻게 전달할지에 대한 깊은 의식과 연결되어 있다.

소리 없는
비명

자해3

우리 삶은 수많은 선택의 연속이다. 때로는 자신도 모르게 스스로를 아프게 하는 결정을 내리기도 한다. 많은 이들이 건강에 좋지 않은 음식을 선택하고, 지칠 때까지 일하며, 상처만 남기는 관계를 끊지 못한다. 이러한 선택은 마음의 소리를 외면한 채, 일상의 소음 속에서 자신을 돌볼 소중한 기회를 잃어버리게 만든다.

자신에게 해로운 음식을 섭취하는 것부터, 술잔을 놓지 못하는 밤, 끝없는 업무에 시달리며 쌓이는 스트레스, 상처 주는 관계 등 조금씩 자신을 해치는 길을 걷고는 한다. 정말 원하는 길을 걷고 있는지에 대한 의문조차 갖지 못하며, 불안정한 미래보다는 익숙한 현재에 안주하기를 택한다. 하지만 우리는 더 나은 선택을 할 수 있다. 우리가 자신에게 진정으로 좋은 것이 무엇인지를 안다면, 그리고 그것을 향해 조금씩이라도 나아갈 수 있다면, 우리는 스스로에게 더 큰 사랑과 존중을 줄 수 있다. 무심코 선택한 행동들이 나를 파괴하는 길로 이끌 수 있다는 사실을 깨달아야 한다. 이제는 불안은 뒤로 하고, 한 걸음을 내딛을 용기와 나를 소중히 여기는 마음을 가질 때다.

마음이 원하는 대로 살아가기 위해서는 스스로 진실해질 필요가 있다. 자신에게 가하는 작은 상처들이 결국 큰 통증으로 돌아올 수 있음을 기억해야 한다. 사회적으로 용인되는 자기 파괴적인 행위들에 의문을 던져보자. 우리가 자신에게 베푸는 사랑과 관심만큼 값진 것은 없다. 건강하고 밝은 삶은 내 손에 달려 있다는 사실을 잊지 말자. 스스로 다치게 한 상처는 너무나 명백해서 다른 사람의 눈에도 선명히 보인다. 그런 상처들은 대개 신체에 남겨진 흔적으로, 앞서 살펴본 자해다. 사회적으로 잘 받아들여지지 않는 행위다.

자해는 신체적인 행위에 국한되지 않고, 마음에도 상처를 낸다. 눈에는 덜 띄지만 결코 덜 중요하지는 않다. 실제로 우리 각자의 내면에는 자신을 소홀히 하는 경향이 어느 정도 존재한다. 종종 자신을 중요하게 여기지 않는 다양한 형태의 행위에 매몰되어 마음의 소리를 듣지 못하고, 그 경고를 무시하고는 한다. 일상에서의 무수한 스트레스 요인들이 우리 주변에 널려있지만, 그것을 피하기보다는 오히려 계속해서 그 환경 속으로 걸어들어간다. 그러한 선택은 결국 정신적으로 우리를 지치게 하며 삶의 질을 저하시킨다.

바쁘다는 핑계로 필요한 휴식을 외면하면 어떻게 될까? 여기 30대 초반 직장인 권주 씨의 사례를 보자. 그는 대기업에서 근무하며 매일 밤늦게까지 일하고, 주말에도 스마트폰을 손에서 놓지 않는다. 권주 씨는 항상 '바쁘다, 바쁘다'며 휴식을 미룬다. 그러던 어느 날 몸살을 앓으며 쓰러졌고, 비로소 건강을 돌아보게 된다. 사실 권주 씨의 몸과 마음은 오랫동안 휴식을 갈구해 왔다. 쓰러지고 나서야 스스로에게 너그러워질 필요가 있음을 깨달았다. 오랜 시간 동안 충전 없이 사용해 온 스마트폰처럼, 항상 '저전력 모드'로 일하다가, 결국 에너지가 완전히 소진된 것이다.

권주 씨처럼 충분한 휴식 없이 계속해서 업무에 매진하는 사람들은 점차 지속 가능한 생산성을 잃어버리고 만다. 권주 씨는 결국 강제적인 휴식을 통해 자신이 얼마나 정신적, 육체적 피로를 누적시켰는지 인지하게 되었다. 그 후 생활 패턴을 점검하고, 일과 휴식의 균형을 맞추는 것의 중요성을 이해하기 시작했다. 이제는 주기적으로 짧은 휴가를 계획하고, 주말에는 디지털 기기를 멀리하며 명상과 요가 같은 활동으로 몸과 마음의 균형을 찾기 위해 노력한다.

서울에 사는 하진 씨는 20대 후반의 프리랜서 그래픽 디자이너다. 그는 자신의 일에 열정적이지만 업무

데드라인에 쫓기며 늘 시간과 싸우고 있다. 하진 씨는 작업에 집중하기 위해 고카페인 음료와 패스트푸드에 의존하고는 한다. 시간을 절약하고 데드라인을 맞추는 하진 씨의 노하우다. 하지만 이러한 식습관은 하진 씨의 건강에 좋지 않은 영향을 끼치며 체중 증가와 지속적인 피로를 가져왔다. 일이 끝나면 스트레스를 풀기 위해 친구들과 갖는 술자리를 일상처럼 여겼다. 하진 씨는 술이 가져다주는 일시적인 해방감과 즐거움을 좋아했다. 그러나 이후에 찾아오는 숙취와 정신적 침체는 하진 씨를 더욱 지치게 만들었다.

특히 중요한 프로젝트 기간에는 압박감을 이기지 못하고 더 많은 술을 마시고는 했다. 이런 습관은 장기적으로 그의 창의력과 집중력에 부정적인 영향을 미치며 우울감과 불안을 가중시켰다. 어느 날 하진 씨는 지속적인 피로와 무기력함이 일상이 되어버렸다는 것을 인지하고 큰 충격을 받았다. 이러한 생활이 자신에게 부담이 되고 있다는 것을 깨닫고 변화를 결심했다. 식습관을 점검하고, 영양가 높은 식사를 하며, 술 대신 다른 활동으로 스트레스를 관리하기 시작했다. 요가와 명상을 통해 자신을 돌아보고, 규칙적인 운동을 시작함으로써 마음의 상처를 치유하고 정신적 에너지를 회복해 나갔다.

하진 씨의 사례는 우리에게 일상에서 나타나는 자해

적인 행위가 결국 신체적, 정신적 건강에 어떠한 영향을 미치는지를 보여준다. 이러한 행위들은 결국 우리 내면을 고갈시키고, 정신적 웰빙을 해치는 결과로 이어진다. 이런 패턴을 멈추고, 자신을 돌보는 법을 배워야 한다. 자신을 아끼고, 몸과 마음에 귀 기울이며, 정신적으로 풍요롭고 건강한 삶을 영위하는 것이야말로 우리가 추구해야 할 바람직한 자세이다.

　잠을 자지 않으면서 스트레스를 푸는 선우 씨가 있다. 선우 씨는 40대 중반의 회사원인데, 평소 업무 스트레스가 과중하다. 집으로 돌아와서도 늦은 밤까지 TV를 시청하거나 스마트폰을 들여다보며 쉽게 잠들지 못한다. 이런 습관은 그에게 일상적인 스트레스 해소 방법처럼 보이지만, 실제로는 충분한 수면을 취하지 못해 건강에 부정적인 영향을 받고 있다. 선우 씨는 아침에 일어나기가 점점 힘들어지고, 낮 동안에도 지속적인 피로감을 느낄 수밖에 없었다. 그럼에도 불구하고 수면 습관을 바꾸려는 노력을 하지 않았다. 이 또한 일상생활 속에서 자신에게 해를 끼치는 한 형태 즉, 넓은 범위의 자해 행동일 수 있다. 선우 씨는 스스로에게 충분한 휴식을 허락하지 않음으로써 신체적, 정신적 건강을 해치고 있다. 지금은 선우 씨가 버틸 수 있을 만큼 유지가 되겠지만 이런 생활 패턴이 지속되면 다른 문제들도 생겨날 수 있다.

이러한 행위는 삶을 좀먹고, 정서적으로 우리를 소진시킨다. 눈에 크게 드러나지 않아 이를 용인하거나 무의식중에 실행한다. 스스로에게 조금 더 친절하게 대하는 연습을 통해 그 상처들을 치유할 수 있다. 자신에 대해 느끼는 작은 불편함과 죄책감, 수치심도 마음을 돌보면 치유할 수 있다. 자신을 돌보는 것은 자기중심적인 행위가 아니라, 자신을 사랑하는 가장 기본적인 행위다.

솔직함이
답이다

결과 중심 No! 과정 중심 Yes!

나는 누군가 무언가를 평가해 달라고 물어오거나 부탁을 해온다면 고민 없이 내 의견을 말할 자신이 없다. 쓴소리를 해야 하는 평가라면 잠시 주저하면서 좀 더 좋은 말을 고르느라 머릿속이 복잡하다. 수락하기 어려운 부탁을 해온 경우라면 정당한 구실을 찾느라 어려움을 겪는다. 나처럼 융통성 없고 적당히 포장하는 말 찾는 데 소질 없는 사람은 여간 난처한 일이 아니다.

결과 중심 No! 과정 중심 Yes!

내 마음에서 우러나오는 솔직한 것들이 상대방에게 제대로 전달되기 위해서는 '지금에 집중'하는 자세가 필요하다. 이게 바로 결과 중심이 아니라 과정 중심의 소통이다. 목표와 성취를 중요시하는 나와 같은 성향은 다른 사람보다는 좀 더 노력이 필요할 수 있다. 하지만 한두 번 시도하다 보면 과정 중심의 소통이 결국 나와 상대방 모두에게 이롭다는 사실을 금세 확인할 수 있다.

연구소 신입사원 연주 씨는 다른 연구 업체와 협동해 작업하는 프로젝트에 지원하였다. 이번 기회에 새로운 경험을 쌓을 수도 있고 실력도 키워볼 수 있어서 용기를 냈다고 했다. 각 팀원과 온라인 미팅을 처음 갖고 나서부터, 이전에 가졌던 용기는 온데간데없고 걱정만 산더미처럼 쌓여 스트레스가 이만저만이 아니라고 했다.

"다른 사람들은 모두 어느 정도 이 분야에서 일해본 경력이 있더라고요. 근데 저는 처음이라서 그분들이 하는 용어도 잘 모르겠고, 각자 맡은 영역에서 조사를 해오기로 했는데 저는 아무리 찾아봐도 모르겠는 거예요. 그래서 온라인 메신저 방에 올려볼까 했는데 왠지 저만 일을 못하는 거 같고, 저 때문에 다른 사람들에게 피해를 주는 거 같아서 못 올리겠더라고요."라며 전전긍긍하고 있었다. 나는 상황 이야기를 들어보고 나서 "다른 사람들이 혹시 연주 씨가 도움을 요청하면 안 들어줄 분위기인가요?"라고 물었다. 그는 잘 모르겠다고 답했다. 다만 다른 사람들에게, 자신이 불필요한 사람이 될까 봐 겁이 나고, 다들 스스로 잘하는 것 같은데 이것도 못하냐는 말을 들을까 봐 두렵다고 했다.

연구원에 들어가기 전까지 연주 씨는 거의 모든 일들을 스스로 잘 해내는 사람이었다고 한다. 할 수만 있다면 누구의 도움 없이 일했으며, 남들보다 나은 결과를 내려고 애쓰며 나름대로의 크고 작은 결실도 이루었다.

그런 그가 다른 사람에게 약한 모습, 부족한 모습을 드러내기가 쉽지 않은 모양이었다. 이 상황에서 과정 중심의 소통에 도전해 보기로 했다. 연주 씨가 처한 현재의 상태에 집중하는 것이다. 현재 어떤 마음이고 어떤 어려움이 있는지를 알아차리는 것이다. 그리고 일주일 내로 나하고 연습한 것들을 직접 실행해 보기로 했다. 스스로 해결할 수 없는 부분을 해결하느라 시간을 허비하고 가슴을 졸이는 것보다는 당당히 다른 팀원들에게 도움을 요청해 보는 시도였다.

> 제가 경험이 부족해서인지 ○○ 연구물을
> 잘 찾지 못하겠습니다. 혹시 어디서 찾을 수
> 있는지 아는 분이 계시면 도움 부탁합니다.
> 감사합니다.

연주 씨는 용기를 내어 시도를 해보았고 그 결과를 내게 전해왔다.

> 누군가에게 저의 부족함을 드러내놓고
> 도움을 청하는 것이 어색하고 싫었지만,
> 상담사 선생님과의 약속을 지킬 겸 시도해
> 보았습니다.

연주 씨는 멋쩍어하면서도 웃음 지으며 말했다. "의외로 사람들이 친절하더라고요. 개인 메시지로 도움을 주신 분도 있고 단체방에 올려주신 분도 있었어요. 제 생각과 많이 다른 결과에 놀랐습니다." 그전에는 다른 사람이 자신에게 요청하는 부분에서도 거절이 힘들었다. 거절이 힘든 사람은 요청도 힘들 수 있다.

과정 중심의 소통법에서 중요한 부분은 그동안의 자기가 가진 '착한 사람' 프레임을 벗어던지는 것이다. 착한 사람보다는 '솔직한 사람' 프레임을 찾아보자. 착함보다는 솔직함이 주는 효과를 제대로 누릴 방법이기도 하다. '거절을 잘하자'나 '도움을 구하지 말자'가 아니다. 상대방에게 '내 상황과 생각, 내 마음을 솔직하게 알려주자'라는 방향으로 프레임을 바꾸어 보길 제안한다.

많은 부분에서 우리는 결과를 염려한다. 그 이유는 대부분 상대방의 반응이 두려워서다. 두려운 나머지 아무것도 시도하지 못한 채 입을 다무는 것이다. 그러나 상대의 반응은 우리가 책임지고 통제할 수 있는 관할구역이 아니다. 즉, 내 영역이 아니라는 것이다. 내 표현으로 인해 상대방이 받아들이든, 받아들이 않든 그것은 오롯이 상대방의 영역이다. 그 사람의 인격이나 역량에 따라 달라지는 것이다. 우리는 그저 '지금 여기에서의 실제 감정, 마음, 상황'에 대해 집중하고 존중하며, 상대방에게 그것들을 보존하여 전달하는 것까지만 하면 된다.

매사에 "좋아요.", "괜찮아요.", "가능해요." 라고 말하기 전에 잠시 멈추고 집중해 보자. 솔직한 내 마음속 생각이 무엇인지 한번 자문해 보자. 그리고 솔직하게 상대방에게 어떻게 말하고 싶은지 알아차리자. 상대방도 늘 "예스!"라고 말하며 힘들어하는 모습을 바라보는 것보다는, 솔직하게 당신의 마음속 진실을 아는 것이 더 중요하다.

하루를
바꾸는
한마디

신경언어 프로그래밍

자기계발서에 숱하게 등장하는 문장 가운데 이런 것이 있다. "현재 당신의 모습은 과거 당신이 했던 습관의 결과물이다." 이 말을 하면서 지금의 내 모습을 보자니 부끄러움이 밀려온다. 습관이란 지속해서 반복하는 행위를 의미한다. 이미 굳어졌고, 단단해졌으며, 인격과 하나가 될 정도로 자연스러운 행동이 그렇다. 말, 억양, 식습관, 수면, 걸음걸이 등 다양한 부분이 고착되어 습관으로 자리 잡는데, 이는 어떤 식으로든 우리들의 일상에 녹아져 있다.

한쪽으로 음식을 씹는 습관이 있는 사람은 어느 순간부터 안면 비대칭 현상이 나타날 수 있고, 앉는 자세가 바르지 않은 사람은 디스크를 앓을 가능성이 높아진다. 이렇듯 좋지 않은 작은 습관이 누적되다 보면 예기치 않은 고통을 얻을 수 있다. '이 정도는 괜찮겠지'라는 안일한 생각으로 소소한 습관을 내버려 둔 대가이다.

요즘 들어, 은행이 사라지고 그 자리에 병원이 들어서는 모습을 자주 보게 된다. 얼마 전 집 근처에 오랫동안 자리 잡고 있던 은행이 문을 닫고 공사가 시작었다. 알고 보니, 관절이나 근육 계통의 통증을 전문으로 치료하는 마취통증의학과였다. 보통은 소아과, 정형외과, 피부과처럼 진료과목이 명확한 병원들이 많은데, 이번에 개업 준비 중인 병원은 '통증'이라는 특정한 분야에만 집중하고 있었다. '아, 요즘에는 이런 형식의 병원도 생기는구나' 하는 생각이 들었다. 비슷한 병원에서 꾸준히 치료를 받고 있다는 지인의 이야기가 떠올랐다. 작은 우리 동네에도 이런 병원이 생기는 걸 보니, 통증을 호소하는 사람들이 정말 많아졌구나 싶었다. 바로 옆에 정형외과가 있어 두 병원의 진료 영역을 비교해 보니, 겹치는 부분이 있긴 했지만 마취통증의학과는 통증 관리에 더 특화된 느낌을 받았다. 어깨 통증으로 여러 병원을 다녀본 나에게는 이 병원이 더 관심을 끌었다. '저기 가면 이 통증이 좀 더 나아질까?' 하는 기대감이 들며, '병원을 옮겨볼까' 하는 생각이 스쳐갔다.

몸을 치료하는 병원이 늘어나면서 아픈 사람들에게는 선택지가 늘어났다. 이에 빗대어 보면, 생각, 마음, 언어, 행동과 같은 습관은 어디서 교정 받을 수 있을지 의문이 든다. 정신건강 분야를 담당하는 다양한 기관에서도 도움을 주고 있지만, 몸의 통증을 고치는 병원에 비하면 턱없이 부족하다. 물론 몸의 고통은 견디기 힘들고 일상생활을 유지하는 데 있어서 즉각적이고 직접적인 영향을 미친다. 하지만 만족스러운 삶을 누리기 위해서는 신체 건강 못지않게 말도 매우 중요하다는 점을 강조하고 싶다. 말 한마디로 기분이 날아갈 듯 좋고, 말 한마디로 죽고 싶을 만큼의 고통이 생기기도 하니 말이다.

신경언어 프로그래밍Neuro-Linguistic Programming, NLP은 말이 어떻게 우리의 자아상을 조각하고 변형시킬 수 있는지 깊이 있게 탐구한다. 자신에게 긍정적인 말을 반복해 자신감을 키우고, 일상의 스트레스에서 벗어날 방법을 발견할 수 있다. 이러한 습관은 우리 마음의 정원을 가꾸듯 매일 조금씩 긍정적인 씨앗을 심는다.

친구가 새로운 직업에 도전하려 할 때 "그 일은 네게 너무 어려울 거야." 대신 "너는 새로운 도전을 통해 많은 것을 배우게 될 거야."라고 말하는 게 신경언어 프로그래밍 기법이다. 이처럼 긍정적인 프레이밍은 상황을 새로운 시각으로 바라볼 수 있게 한다. 또 도전을 성장의 기회로 전환한다. 바꾸어 말하면 긍정적 프레이밍을 습관화할수록 일상의 도전을 성장의 기회로 맞이할 수 있다. NLP는 우리가 세상을 바라보는 창을 깨끗이 닦아준다. 창 너머에서 밝고 희망찬 빛이 가득 들어오게 한다. 우리는 매일 선택할 수 있다. 어떤 경험을 할지, 어떤 삶을 꾸려 갈지를 결정하는 건 바로 우리 손에 달려 있다. 이제 선택만 하면 된다.

에필로그

평소 사용하는 말은 어느 정도 한정되어 있다. 아침에 눈을 떠 잠들 때까지의 일과가 일정한 사람이라면 더욱 그렇다. 일이 잘 풀리지 않을 때, 약속이 어긋났을 때, 내 생각과 달랐을 때 쓰는 말도 있다. 직접 소리 내어 하는 것만이 아니라 '마음으로 중얼거리는 소리' 역시 '말'이다. 사랑하는 연인과 나눈 말, 친구끼리 나누는 말, 부모님이나 자녀와 나누는 말, 기분 좋을 때, 나쁠 때, 화날 때, 울고 싶을 때, 긍정적으로 또는 부정적으로 사용하는 말 역시 사람마다 다르다. 이렇듯 다양한 말 패턴을 체크하다 보면 그동안 쌓아온 언어 습관을 파악할 수 있다.

돈 없으니까 못하겠네.

→지금은 내가 가진 게 없으니까 다음에 꼭 해야지.

절대 못 하겠다.

→어려울 수 있겠는걸, 그래도 해볼까?

일정이 빡빡해서 못 만나겠어.

→내일(가능한 날)은 좀 여유가 있으니까 그때 잡으면 어때?

내가 무심코 뱉는 말들이 내게 어떤 기분을 느끼게 하는지 살펴보면 화들짝 놀랄 것이다. 조금만 다르게 바꿔도 말이 주는 느낌이 크게 달라진다.

뉴스를 시청하다 보면 일기예보를 해주는 시간이 있다. 여느 때처럼 기상캐스터가 날씨를 소개하던 중이었는데 내 귀를 쫑긋 세우게 하는 멘트가 들려왔다. 하던 일을 멈추고 바로 TV 앞에 앉았다. 그 이유는 기상캐스터가 사용하는 단어 때문이었다. 보통 '오늘의 날씨는…' 이라는 멘트를 사용하는데 이 기상캐스터는 '오늘의 하늘 표정은…' 이라는 말을 내뱉는 것이 아닌가? 나는 그 순간 '와! 신선한데?'라는 생각이 들면서 한참 동안 기분이 좋았다. 기상캐스터가 하던 말 중 단어만 두 개 바꾸었을 뿐인데, 일기예보가 진행되는 그 배경이 한 폭의 그림처럼 느껴지고 기상캐스터가 하는 말이 시처럼 들렸다. '하늘이 표정을 지으면 어떤 표정일까?' 같은 어린아이가 할법한 상상이 저절로 펼쳐졌다. 동심으로 돌아간 듯한 잠깐의 시간 덕분에 기분이 좋아진 것은 말할 것도 없다. 이왕이면 다홍치마라고 하지 않던가. 날씨보다는 하늘 표정이라는 말은 그 이후로 한참 동안 내 감성을 자극했다. 작은 언어 표현의 차이지만 그 결과는 엄청나다.

지금, 이 순간 내가 사용하는 말을 바꾸면 지금의 내가 달라진다. 내 안에 있는 느낌이든, 감정이든, 행동이든. 그 무엇이든 작은 변화가 일어나게 되어 있다. 말의 힘은 생각보다 크고, 그 힘은 우리 삶에 새로운 빛을 불어넣는다. 그러니 지금 당장, 내 말에 담긴 색깔을 조금씩 바꿔보자. 그 변화가 내 하루를, 그리고 나아가 내 삶을 얼마나 풍요롭게 만드는지 직접 느껴보게 될 것이다. 이 작은 실천이 당신에게도 따스한 변화를 가져다주기를 바란다.

목소리의
표정

초판인쇄 2025년 4월 30일
초판발행 2025년 4월 30일

지은이 임려원
발행인 채종준

출판총괄 박능원
책임편집 조지원 · 김지숙
디자인 공진혁
마케팅 문선영
전자책 정담자리
국제업무 채보라

브랜드 크루
주소 경기도 파주시 회동길 230 (문발동)
문의 ksibook1@kstudy.com

발행처 한국학술정보(주)
출판신고 2003년 9월 25일 제406-2003-000012호

ISBN 979-11-7318-324-9 03320

크루는 한국학술정보(주)의 자기계발, 취미 등 실용도서 출판 브랜드입니다.
크고 넓은 세상의 이로운 정보를 모아 독자와 나눈다는 의미를 담았습니다.
오늘보다 내일 한 발짝 더 나아갈 수 있도록, 삶의 원동력이 되는 책을 만들고자 합니다.